일본어
잘하고
싶을땐

다락원 독학
단어장

정의상 · 하시모토 세리나 공저

DARAKWON

일본어 잘하고 싶을 땐
다락원 독학 단어장

지은이 정의상, 하시모토 세리나
펴낸이 정규도
펴낸곳 (주)다락원

초판 1쇄 발행 2022년 12월 7일
초판 3쇄 발행 2024년 9월 25일

책임편집 한누리, 송화록, 이지현
디자인 장미연, 김예지
일러스트 리다

🏢**다락원** 경기도 파주시 문발로 211
내용문의: (02)736-2031 내선 460~465
구입문의: (02)736-2031 내선 250~252
Fax: (02)732-2037
출판등록 1977년 9월 16일 제406-2008-000007호

ISBN 978-89-277-1268-8 13730

http://www.darakwon.co.kr
• 다락원 홈페이지를 방문하시면 상세한 출판 정보와 함께 동영상 강좌, MP3
  자료 등 다양한 어학 정보를 얻으실 수 있습니다.

머리말

일본어는 우리말과 어순이나 문법 구조가 유사한 언어이므로 첫걸음이나 초급 단계에서 기초적인 문형과 문법 학습을 어느 정도 마치면, 이때부터 진정으로 일본어를 잘하고 싶을 때, 일본어로 이야기하고 싶을 때 가장 중요한 것은 일본어 어휘력을 늘리는 일입니다. 그렇다고 아무 단어나 무턱대고 외운다고 일본어 회화를 잘하는 것은 아닙니다.

『일본어 잘하고 싶을 땐 다락원 독학 단어장』은 일본어 커뮤니케이션 능력 향상이라는 실용성에 기반을 두고 집필했습니다.

반드시 외워야 하는 어휘와 요즘 많이 쓰는 어휘 위주로 선별하였고, 자연스러운 회화체 일본어 예문을 만들려고 심혈을 기울였습니다. 기본적으로 단어 하나에 일본어 문장 하나라는 형식으로 단어장을 구성했으며, 추가로 더 외우면 좋은 단어가 있는 경우에는 플러스 어휘로 정리하였습니다.

1단어 1문장 위주로 단어장을 구성한 이유는 단어를 암기할 때는 단어만 단독으로 암기하는 것보다 해당 단어가 포함된 문장 속에서 그 단어가 어떻게 쓰이는지를 확인하며 문장을 통째로 외울 때 더 오랫동안 기억할 수 있어 효율적이기 때문입니다. 따라서 단어를 외울 때는 반드시 통문장으로 외우시길 바랍니다.

UNIT 별로 주제를 정하여 주제에 관련된 어휘와 문장을 제시하였는데, 그중에서도 가장 중심이 되는 주제는 다음과 같습니다.

첫째	일상생활의 다양한 장면에서 사용 빈도가 높은 상황별 일본어 필수 어휘
둘째	일본 학교생활, 직장생활에 사용되는 학생, 직장인 사용 필수 어휘
셋째	4차 산업혁명이 불러온 최근 트랜드에 맞춘 IT 생활 관련 어휘
넷째	일본이라 하면 가장 흥미를 느끼는 아날로그 감성의 여행과 음식 관련 어휘

모쪼록 이 책을 통해 현재 일본에서 사용하는 단어 및 일본어 문장을 입에 익혀 일본어로 하고 싶은 이야기를 많이 할 수 있었으면 합니다.

끝으로 이 책을 쓰는 데에 많은 도움을 주신 中坂富美子 선생님, 三井憲 선생님, 본 교재의 출판에 도움을 주신 ㈜다락원의 정규도 사장님, 편집부, 미술부, 영업부 직원들에게 진심으로 감사드립니다.

정의상, 하시모토 세리나

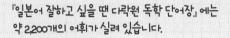
이 책의 구성 및 특징

『일본어 잘하고 싶을 때 다락원 독학 단어장』에는
약 2,200개의 어휘가 실려 있습니다.

총 열아홉 개 주제로 기억하기 쉽게
연관된 어휘를 한데 모았습니다.

정확한 발음을 위하여
음성 파일을 들어 주세요.

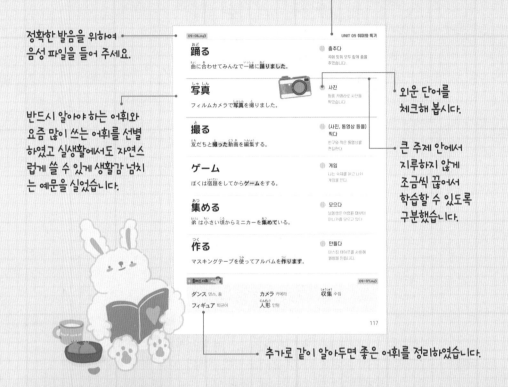

외운 단어를
체크해 봅시다.

반드시 알아야 하는 어휘와
요즘 많이 쓰는 어휘를 선별
하였고 실생활에서도 자연스
럽게 쓸 수 있게 생활감 넘치
는 예문을 실었습니다.

큰 주제 안에서
지루하지 않게
조금씩 끊어서
학습할 수 있도록
구분했습니다.

추가로 같이 알아두면 좋은 어휘를 정리하였습니다.

MP3 파일 활용하기

읽고 말하는 연습을 할 때 정확한 발음을 내고 일본어 소리에 익숙해지는 데에 도움이 되고자 다락원
홈페이지에 무료로 다운로드 받을 수 있는 일본어 원어민의 음성 파일을 준비해 두었습니다.
트랙 번호는 각 페이지를 참고해 주세요.

스마트폰 스마트폰으로 QR코드를 스캔하면 다락원 홈페이지의 본책 페이지로 바로
이동합니다. 'MP3 듣기' 버튼을 클릭합니다. 스마트폰으로 접속하면 회원 가입과
로그인 절차 없이 바로 MP3 파일을 듣거나 다운로드 받을 수 있습니다.

PC 다락원 홈페이지(www.darakwon.co.kr)에 접속하여 『일본어 잘하고 싶을 때 다락원 독학
단어장』을 검색하면 자료실에서 MP3 파일을 듣거나 다운로드 받을 수 있습니다. 간단한 회원
가입 절차가 필요합니다.

책갈피

단어 암기할 때
잘라서 활용해 보세요.

ㄱㄴㄷ 색인

단어장에 실린 어휘를 ㄱㄴㄷ 순으로 정리하였습니다.
단어를 찾을 때 활용해 보세요.

일본어 잘하고 싶을 땐

일본어 잘하고 싶을 땐 다락원 독학 첫걸음

정의상 지음 | 188×257mm | 408면 | 15,000원(본책+가나 쓰기 연습장/JLPT N5 실전모의고사+
미니북+히라가나 그림 오십음도 브로마이드+무료 동영상 강의+MP3 CD 1장)

일본어 잘하고 싶을 땐 히라가나 가타카나부터

정의상 지음 | 128×188mm | 204면 | 8,000원, MP3 무료 다운로드

목차

01 가족과 인간관계

父 ^{ちち} 아빠 　夫 ^{おっと} 남편

母 ^{はは} 엄마 　妻 ^{つま} 아내

家族 ^{か ぞく} 가족

親子 ^{おや こ} 부모 자식

妹 ^{いもうと} 여동생

祖父 ^{そ ふ} 할아버지

祖母 ^{そ ぼ} 할머니

姉 ^{あね} 언니, 누나
兄 ^{あに} 오빠, 형

私 ^{わたし} 나

家族
田中さんは何人家族ですか。

☑ 가족

다나카 씨는 가족이 몇 명이에요?

両親
両親はどちらも働いています。

● 부모님

부모님은 두 분 다 일하고 계십니다.

母
母の作るカレーはおいしいです。

● 엄마

엄마가 만드는 카레는 맛있습니다.

お母さん
いつもお母さんと買い物に行きますか。

● 어머니, 엄마

항상 어머니와 장보러 갑니까?

父
私の父は朝6時に起きます。

● 아빠

우리 아빠는 아침 6시에 일어납니다.

お父さん
お父さんと一緒に野球をしたことがありますか。

● 아버지, 아빠

아버지와 함께 야구를 한 적이 있나요?

親子
親子でテーマパークに行きました。

● 부모 자식

부모와 자녀가 함께 놀이공원에 갔습니다.

子こども

母親が**子どもに**ひらがなを教えています。

🔵 아이, 어린이

엄마가 아이에게 히라가나를
가르치고 있습니다.

奥おくさん

田中さんの**奥さん**は夜遅くまで働いています。

🔵 부인, 남의 부인

다나카 씨의 부인은 밤
늦게까지 일을 하고
있습니다.

妻つま

私の**妻**は犬が大好きです。

🔵 아내

내 아내는 개를 무척
좋아합니다.

夫おっと

夫は子どもの世話が上手です。

🔵 남편

남편은 아이를 잘 돌봅니다.

➕ 플러스 어휘

親おや 부모	母親ははおや 모친, 엄마, 어머니	父親ちちおや 부친, 아빠, 아버지
おばあさん 할머니	おじいさん 할아버지	祖母そぼ 조모, 할머니
祖父そふ 조부, 할아버지	娘むすめ 딸	娘むすめさん 따님
息子むすこ 아들	息子むすこさん 아드님	赤あかちゃん 아기
家内かない 아내	主人しゅじん 남편	だんなさん 남의 남편

兄弟
きょうだい

兄弟は何人いますか。
きょうだい　なんにん

○ 형제

형제는 몇 명이에요?

姉
あね

私には姉が３人います。
わたし　　あね　　さんにん

○ 누나, 언니

나는 언니가 세 명 있습니다.

お姉さん
ねえ

木村さんのお姉さんは塾で先生をしている。
きむら　　　　ねえ　　　じゅく　せんせい

○ 누님, 누나, 언니

기무라 씨의 누님은 학원
선생님이다.

兄
あに

私は兄が２人、姉が１人います。
わたし　あに　ふたり　　あね　ひとり

○ 형, 오빠

나는 형이 두 명, 누나가 한 명
있습니다.

お兄さん
にい

友だちのお兄さんは海外に留学をしているそうです。
とも　　　にい　　　かいがい　りゅうがく

○ 형님, 형, 오빠

친구의 형은 해외 유학
중이라고 합니다.

妹
いもうと

妹は猫が大好きです。
いもうと　ねこ　だい す

○ 여동생

여동생은 고양이를 무척
좋아합니다.

弟
おとうと

私の弟は来年小学生になります。
わたし　おとうと　らいねんしょうがくせい

○ 남동생

내 남동생은 내년에
초등학생이 됩니다.

似る
私の性格は母親に似ている。

⬤ 닮다
내 성격은 엄마를 닮았다.

育児
育児をするために仕事を休んでいます。

⬤ 육아
육아를 하기 위해 일을 쉬고 있습니다.

子育て
山田さんは1人で子育てをしています。

⬤ 육아
야마다 씨는 혼자서 자식을 키우고 있습니다.

だれ
写真に写っている人はだれですか。

⬤ 누구
사진에 찍힌 사람은 누구입니까?

関係
いい人間関係を築くのは難しいです。

⬤ 관계
좋은 인간관계를 쌓는 것은 어렵습니다.

+ 플러스 어휘

姉妹 자매	ふたご 쌍둥이	いとこ 사촌
妹 さん (남의) 여동생	弟 さん (남의) 남동생	おば 이모, 고모
おじ 삼촌	おばさん 이모, 고모, 아주머니	おじさん 삼촌, 아저씨
めい 조카(딸)	おい 조카(아들)	

人 <small>ひと</small>

たくさんの**人**が電車に乗っています。

● 사람, 타인

많은 사람이 전철을 타고
있습니다.

私 <small>わたし</small>

私はマンションに住んでいます。

● 나, 저

나는 아파트에 살고
있습니다.

名前 <small>な まえ</small>

私の**名前**はすずきです。

● 이름

내 이름은 스즈키입니다.

ぼく

ぼくは運動が苦手できらいです。

● 나(주로 남성이 사용)

나는 운동을 잘 못해서
싫어합니다.

あなた

あなたのおばあさんはどこに住んでいますか。

● 당신, 너

당신 할머니는 어디에 살고
계세요?

みんな

年末は、家族**みんな**でゲームをしました。

● 모두

연말에는 가족이 다 함께
게임을 했습니다.

大人 <small>おとな</small>

大人の入場料は500円です。

● 어른

어른 입장료는 500엔입니다.

お年寄り
とし よ

電車でお年寄りに席を譲りました。
でんしゃ　　　とし よ　　　せき　ゆず

● 노인, 어르신

전철에서 어르신에게 자리를
양보했습니다.

若者
わか もの

最近は農業をする若者が増えています。
さいきん　のうぎょう　　　わかもの　ふ

● 젊은이, 젊은 사람

요즘에는 농사 짓는 젊은
사람이 늘고 있습니다.

先輩
せん ぱい

先輩からいいアドバイスをもらいました。
せんぱい

● 선배

선배한테 좋은 조언을
받았습니다.

年上
とし うえ

姉は私より4歳年上です。
あね　わたし　　よんさいとしうえ

● 연상, 나이가 많음

누나는 나보다 네 살이
많습니다.

友だち
とも

友だちとディズニーランドへ行きます。
とも　　　　　　　　　　　　　い

● 친구

친구와 디즈니랜드에 갑니다.

＋ 플러스 어휘

人間 인간
にんげん

自分自身 자기 자신
じ ぶん じ しん

他人 타인
た にん

後輩 후배
こうはい

年下 연하, 나이가 어림
としした

友人 친구
ゆうじん

仲間 동료
なか ま

知り合い
し　　あ

知り合いの弁護士に相談しました。
し　　あ　　　べんごし　　そうだん

아는 사람, 아는 사이

아는 변호사에게
상담했습니다.

親しい
した

私の親しい友だちを紹介します。
わたし　した　　とも　　　しょうかい

친하다

제 친한 친구를
소개하겠습니다.

仲がいい
なか

私の家族はみんな仲がいいです。
わたし　かぞく　　　　　なか

사이가 좋다

우리 가족은 모두 사이가
좋습니다.

男女
だん　じょ

トイレは男女で分けられています。
だんじょ　わ

남녀

화장실은 남녀로 나뉘어
있습니다.

女の人
おんな　　ひと

その女の人は背が高くてきれいでした。
おんな　ひと　せ　たか

여자, 여성

그 여자는 키가 크고
예뻤습니다.

男の人
おとこ　　ひと

男の人が車を洗っています。
おとこ　ひと　くるま　あら

남자, 남성

남자가 세차를 하고
있습니다.

＋ 플러스 어휘

じょせい **女性** 여성	だんせい **男性** 남성	しょうじょ **少女** 소녀
しょうねん **少年** 소년		

女の子
おんな こ

女の子とお母さんが手をつないで歩いています。
おんな こ　　 かあ　　　て　　　　　　　 ある

● 여자아이

여자아이와 엄마가 손을 잡고
걷고 있습니다.

男の子
おとこ こ

小さい男の子が泣いています。
ちい　　 おとこ こ　 な

● 남자아이

어린 남자아이가 울고
있습니다.

彼女
かの じょ

土曜日は彼女とデートをします。
ど よう び　 かのじょ

● 그녀, 여자친구

토요일에는 여자친구와
데이트를 합니다.

彼
かれ

彼の趣味は音楽を聞くことです。
かれ しゅみ　 おんがく き

● 그, 그 사람

그의 취미는 음악
감상입니다.

彼氏
かれ し

彼氏と３年間付き合っています。
かれ し　 さんねんかん つ あ

● 남자친구

남자친구와 3년 동안 사귀고
있습니다.

会う
あ

久しぶりに友だちに会いに行きます。
ひさ　　　　 とも　　　 あ　 い

● 만나다

오랜만에 친구를 만나러
갑니다.

出会う
で あ

私たちはパーティーで出会いました。
わたし　　　　　　　　　　 で あ

● 우연히 만나다

우리는 파티에서 우연히
만났습니다.

15

紹介

それでは新入社員を**紹介**します。

● 소개

그러면 신입사원을
소개하겠습니다.

約束

今日の**約束**をずっと忘れていました。

● 약속

오늘 약속을 쭉 잊고
있었습니다.

守る

必ず時間を**守る**ようにします。

● 지키다

반드시 시간을 지키도록
하겠습니다.

連絡

連絡をくれたら迎えに行きます。

● 연락

연락을 주면 마중
가겠습니다.

付き合う

2人は去年の3月から**付き合って**います。

● 사귀다

두 사람은 작년 3월부터
사귀고 있습니다.

恋人

私の**恋人**は優しくてかわいいです。

● 연인, 애인

내 애인은 다정하고
귀엽습니다.

恋愛

私は長い間**恋愛**をしていません。

● 연애

나는 오랫동안 연애를 하지
않았습니다.

面食い
めん く

私は**面食い**だから、イケメンが好きです。
わたし めんく　　　　　　　　　　　　　　　す

● 얼굴을 많이 따짐,
외모를 우선시함

나는 얼굴을 많이 따지는
편이라서 잘생긴 남자를
좋아합니다.

一目ぼれ
ひと め

ぼくは彼女に**一目ぼれ**しました。
　　　かのじょ　ひとめ

● 한눈에 반함

나는 그녀에게 한눈에
반했습니다.

片想い
かた おも

大学の先輩にずっと**片思い**しています。
だいがく　せんぱい　　　　かたおも

● 짝사랑

대학 선배를 쭉 짝사랑하고
있습니다.

告白
こく はく

今日、彼女に**告白**しようと思います。
きょう　かのじょ　こくはく　　　　おも

● 고백

오늘 그녀에게 고백하려고
합니다.

デート

好きな人を**デート**に誘いました。
す　　ひと　　　　　　さそ

● 데이트

좋아하는 사람에게 데이트
신청을 했습니다.

ふられる

彼女に告白したけど**ふられました**。
かのじょ　こくはく

● 차이다, 거절당하다

그녀에게 고백했지만
거절당했어요.

別れる
わか

一週間前に彼女と**別れて**悲しいです。
いっしゅうかんまえ　かのじょ　わか　　かな

● 헤어지다

일주일 전에 여자친구와
헤어져서 슬픕니다.

誤解
ぼくの言ったことを誤解しないでください。

● 오해
내가 한 말을 오해하지 마세요.

やきもちを焼く
私が他の男性と話すと、彼はやきもちを焼きます。

● 질투하다
내가 다른 남성과 이야기하면 그는 질투를 합니다.

けんか
2人は毎日けんかをしています。

● 싸움
두 사람은 매일 싸웁니다.

理由
2人がけんかした理由を聞きました。

● 이유
두 사람이 싸운 이유를 들었습니다.

謝る
悪いことをしたので友だちに謝りました。

● 사과하다
잘못을 했기 때문에 친구에게 사과했습니다.

仲直り
けんかをしたけど、すぐに仲直りしました。

● 화해
싸웠지만 금방 화해했습니다.

プロポーズ
彼女にサプライズでプロポーズしました。

● 프러포즈
여자친구에게 깜짝 프러포즈를 했습니다.

婚約
こんやく

彼氏からプロポーズされて婚約しました。
かれし　　　　　　　　　　　こんやく

- 약혼
  남자친구에게 프러포즈를
  받고 약혼했습니다.

結婚
けっこん

結婚しても仕事を続けています。
けっこん　　しごと　つづ

- 결혼
  결혼해도 일을 계속하고
  있습니다.

花嫁
はなよめ

花嫁は白いドレスを着ています。
はなよめ　しろ　　　　　き

- 신부
  신부는 하얀 드레스를 입고
  있습니다.

花婿
はなむこ

花婿は彼女の手を握っています。
はなむこ　かのじょ　て　にぎ

- 신랑
  신랑은 그녀의 손을 잡고
  있습니다.

お祝い
いわ

お祝いパーティの準備をしています。
いわ　　　　　　　じゅんび

- 축하
  축하 파티 준비를 하고
  있습니다.

プレゼント

あの箱にプレゼントが入っています。
はこ　　　　　　　　はい

- 선물
  저 상자에 선물이 들어
  있습니다.

플러스 어휘 　　　　　　　　　　　　　　　　　　01-17.mp3

カード 카드　　　　　手紙 편지　　　　　年賀状 연하장
　　　　　　　　　　てがみ　　　　　　ねんがじょう
葉書 엽서　　　　　お礼 감사 인사
はがき　　　　　　　れい

送<ruby>おく</ruby>る

メッセージを送<ruby>おく</ruby>る相手<ruby>あいて</ruby>を間違<ruby>まちが</ruby>えました。

● 보내다

메시지를 다른 사람에게 잘못 보냈습니다.

あげる

めいにお年玉<ruby>としだま</ruby>をあげました。

● (내가 남에게) 주다

조카딸에게 세뱃돈을 주었습니다.

くれる

この花瓶<ruby>かびん</ruby>は祖母<ruby>そぼ</ruby>がくれたものです。

● (남이 나에게) 주다

이 꽃병은 할머니가 준 겁니다.

もらう

父<ruby>ちち</ruby>から誕生日<ruby>たんじょうび</ruby>プレゼントをもらった。

● 받다

아빠한테 생일 선물을 받았다.

渡<ruby>わた</ruby>す

お世話<ruby>せわ</ruby>になった先生<ruby>せんせい</ruby>にプレゼントを渡<ruby>わた</ruby>しました。

● 건네다

신세를 진 선생님께 선물을 드렸습니다.

+ 플러스 어휘

さしあげる (내가 남에게) 드리다 (あげる의 겸양어)

やる (아랫사람이나 동식물 등에) 주다

くださる (남이 나에게) 주시다 (くれる의 존경어)

いただく 받다 (もらう의 겸양어)

インドア派 실내파
内向的 내향적

アウトドア派 실외파
外向的 외향적

UNIT

02 　　　　　성격

性格
せい かく

彼女は性格がいい。
かのじょ　せいかく

● 성격

그녀는 성격이 좋다.

態度
たい ど

店員の態度が悪かったです。
てんいん　たいど　わる

● 태도

점원의 태도가 나빴습니다.

優しい
やさ

私は優しい人が好きです。
わたし　やさ　ひと　す

● 상냥하다, 다정하다, 온화하다, 마음씨가 곱다

나는 다정한 사람을 좋아합니다.

元気だ
げん き

小さな男の子が元気な声で返事をした。
ちい　おとこ　こ　げんき　こえ　へんじ

● 활달하다, 활기차다

어린 남자아이가 활기찬 목소리로 대답했다.

ほがらかだ

田中さんは純粋でほがらかな人です。
た なか　じゅんすい　ひと

● 명랑하다, 쾌활하다

다나카 씨는 순수하고 명랑한 사람입니다.

親切だ
しん せつ

銀行員はとても親切だった。
ぎんこういん　しんせつ

● 친절하다

은행원은 매우 친절했다.

まじめだ

その学生はまじめで責任感がある。
がくせい　せきにんかん

● 성실하다

그 학생은 성실하고 책임감이 있다.

明_{あか}るい

彼女_{かのじょ}の性格_{せいかく}はだれよりも明_{あか}るい。

● 밝다

그녀는 누구보다도 성격이 밝다.

おとなしい

祖母_{そぼ}が飼_かっている猫_{ねこ}はとてもおとなしい。

● 얌전하다, 온순하다, 수수하다

할머니가 키우는 고양이는 매우 온순하다.

素直_{すなお}だ

彼_{かれ}は彼女_{かのじょ}に素直_{すなお}な気持_{きも}ちを伝_{つた}えた。

● 솔직하다, 순진하다

그는 그녀에게 솔직한 마음을 전했다.

のんきだ

息子_{むすこ}は小_{ちい}さい頃_{ころ}からのんきな性格_{せいかく}でした。

● 느긋하다, 낙천적이다, 태평하다

아들은 어렸을 적부터 느긋한 성격이었습니다.

⊕ 플러스 어휘

素敵_{すてき}だ 멋지다, 훌륭하다

前向_{まえむ}き 긍정적, 적극적

頼_{たの}もしい 믿음직스럽다

可愛_{かわい}らしい 사랑스럽다

コミュ力_{りょく}が高_{たか}い 커뮤니케이션 능력이 좋다

注意深_{ちゅういぶか}い 조심스럽다, 신중하다

おっとり 대범함

のんびりする 느긋하다

外向的_{がいこうてき} 외향적

内向的_{ないこうてき} 내향적

タフだ 터프하다

シャイだ 수줍어 하다

愉快_{ゆかい}だ 유쾌하다

もてる

彼<ruby>彼<rt>かれ</rt></ruby>はイケメンじゃないのに**もてます**。

● 인기가 많다

그는 잘생기지 않았는데 인기가 많아요.

気が利く

<ruby>気<rt>き</rt></ruby>が<ruby>利<rt>き</rt></ruby>く

上司<ruby>上司<rt>じょうし</rt></ruby>は**<ruby>気<rt>き</rt></ruby>が<ruby>利<rt>き</rt></ruby>く**<ruby>部下<rt>ぶか</rt></ruby>が<ruby>好<rt>す</rt></ruby>きです。

● 눈치가 빠르다, 세심한 곳까지 생각이 미치다

상사는 눈치가 빠른 부하 직원을 좋아합니다.

丁寧だ

<ruby>丁<rt>てい</rt></ruby><ruby>寧<rt>ねい</rt></ruby>だ

<ruby>先生<rt>せんせい</rt></ruby>は<ruby>問題<rt>もんだい</rt></ruby>を**<ruby>丁寧<rt>ていねい</rt></ruby>**に<ruby>教<rt>おし</rt></ruby>えてくれました。

● 정중하다, 공손하다, 세심하다, 자상하다

선생님은 문제를 자상하게 가르쳐 주었습니다.

厳しい

<ruby>厳<rt>きび</rt></ruby>しい

<ruby>部長<rt>ぶちょう</rt></ruby>は<ruby>部下<rt>ぶか</rt></ruby>に**<ruby>厳<rt>きび</rt></ruby>しい**です。

● 엄하다, 엄격하다

부장님은 부하 직원들에게 엄격합니다.

気が短い

<ruby>気<rt>き</rt></ruby>が<ruby>短<rt>みじか</rt></ruby>い

<ruby>気<rt>き</rt></ruby>が<ruby>短<rt>みじか</rt></ruby>い<ruby>人<rt>ひと</rt></ruby>と<ruby>一緒<rt>いっしょ</rt></ruby>にいると<ruby>疲<rt>つか</rt></ruby>れます。

● 성질이 급하다

성질이 급한 사람과 함께 있으면 피곤합니다.

変だ

<ruby>変<rt>へん</rt></ruby>だ

<ruby>社長<rt>しゃちょう</rt></ruby>はたまに**<ruby>変<rt>へん</rt></ruby>な**<ruby>行動<rt>こうどう</rt></ruby>をします。

● 이상하다, 엉뚱하다

사장님은 가끔 이상한 행동을 합니다.

暗い

<ruby>暗<rt>くら</rt></ruby>い

<ruby>彼<rt>かれ</rt></ruby>は**<ruby>暗<rt>くら</rt></ruby>い**<ruby>性格<rt>せいかく</rt></ruby>なので<ruby>友<rt>とも</rt></ruby>だちが<ruby>少<rt>すく</rt></ruby>ない。

● 어둡다

그 남자는 성격이 어두워서 친구가 적다.

頑固だ
がん こ

私の弟は気が強くて頑固です。
わたし おとうと き つよ がん こ

● 고집이 세다, 완고하다

내 남동생은 기가 세고
고집이 셉니다.

けちだ

ぼくの友だちは金持ちですが、けちです。
とも かね も

● 인색하다

내 친구는 부자지만
인색합니다.

わがままだ

あなたはわがままだから友だちがいないのです。
とも

● 제멋대로 하다,
이기적이다

당신은 제멋대로라서 친구가
없어요.

勝手だ
かっ て

あなたはいつも1人で決めて勝手ですね。
ひとり き かって

● 제멋대로 하다

당신은 항상 혼자 결정하고
제멋대로군요.

人見知り
ひと み し

この子は人見知りが激しいです。
こ ひとみ し はげ

● 낯가림

이 아이는 낯가림이
심합니다.

플러스 어휘

02-06.mp3

せっかちだ 성급하다

生意気だ 건방지다
なま い き

怒りっぽい 화를 잘 내다
おこ

欲張り 욕심쟁이
よく ば

気が強い 기가 세다
き つよ

うそつき

私はうそつきが一番きらいです。

○ 거짓말쟁이

나는 거짓말쟁이를 제일
싫어해요.

怠け者

私は怠け者で仕事が進みません。

○ 게으름뱅이

나는 게으름뱅이라서 일이
진행되지 않습니다.

恥ずかしがり屋

私は恥ずかしがり屋なので、人と上手に話せません。

○ 부끄럼을 잘 타는 사람,
숫기 없는 사람

나는 숫기가 없어서 다른
사람과 이야기하는 것이
서툽니다.

目立ちたがり屋

彼女はとても目立ちたがり屋でした。

○ 주목 받고 싶어하는 사람

그녀는 무척 다른 사람
눈에 띄고 싶어 하는
사람이었습니다.

めんどうくさがり屋

めんどうくさがり屋の性格を直したいです。

○ 귀찮아하는 사람

만사 귀찮아하는 성격을
고치고 싶습니다.

インドア派

私の娘はインドア派で運動がきらいです。

○ 집순이, 집돌이, 실내파

내 딸은 집순이라서 운동을
싫어합니다.

アウトドア派

私はサイクリングが好きなアウトドア派です。

○ 아웃도어파, 실외파,
밖에서 활동하는 것을
좋아하는 사람

나는 사이클링을 좋아하는
아웃도어파입니다.

UNIT
03 감정과 기분

幸せだ 행복하다

笑う 웃다

悲しい 슬프다

泣く 울다

感情 감정

感情
かんじょう

自分の感情を相手に伝えることが大切です。
じぶん かんじょう あいて つた たいせつ

● 감정

자신의 감정을 상대에게
전달하는 것이 중요합니다.

気持ち
き も

他人の気持ちを考えたことがありますか。
たにん き も かんが

● 기분

다른 사람의 기분을 생각해
본 적이 있습니까?

心
こころ

手紙を読んで心が温まりました。
て がみ よ こころ あたた

● 마음

편지를 읽고 마음이
따뜻해졌습니다.

感じる
かん

今の仕事にやりがいを感じています。
いま しごと かん

● 느끼다

지금의 일에 보람을 느끼고
있습니다.

思う
おも

プレゼントを渡したら、彼女はきっと喜ぶと思うよ。
わた かのじょ よろこ おも

● 생각하다

선물을 건네면 그녀는 분명히
기뻐할 거라 생각해.

思い出す
おも だ

写真を見ていたら、楽しかった出来事を思い出しました。
しゃしん み たの できごと おも だ

● 생각해 내다, 생각나다,
떠올리다

사진을 보고 있으니 즐거웠던
일이 떠올랐습니다.

➕ 플러스 어휘

気分 기분
きぶん

心情 심정
しんじょう

やりがい 보람

気がつく
<ruby>気<rt>き</rt></ruby>

<ruby>父<rt>ちち</rt></ruby>が<ruby>悲<rt>かな</rt></ruby>しんでいることに**<ruby>気<rt>き</rt></ruby>がついた**。

● 알아차리다, 눈치채다, 깨닫다

아빠가 슬퍼하고 있는 것을 알아차렸다.

いい(よい)

<ruby>好<rt>す</rt></ruby>きな<ruby>音楽<rt>おんがく</rt></ruby>を<ruby>聞<rt>き</rt></ruby>いたら<ruby>気分<rt>きぶん</rt></ruby>が**よく**なりました。

● 좋다

좋아하는 음악을 들었더니 기분이 좋아졌습니다.

悪い
<ruby>悪<rt>わる</rt></ruby>

<ruby>昨日<rt>きのう</rt></ruby>は<ruby>体<rt>からだ</rt></ruby>の<ruby>具合<rt>ぐあ</rt></ruby>いが**<ruby>悪<rt>わる</rt></ruby>くて**、<ruby>学校<rt>がっこう</rt></ruby>を<ruby>休<rt>やす</rt></ruby>みました。

● 나쁘다

어제는 몸 상태가 안 좋아서 학교를 쉬었습니다.

楽しい
<ruby>楽<rt>たの</rt></ruby>

<ruby>友<rt>とも</rt></ruby>だちと<ruby>行<rt>い</rt></ruby>く<ruby>旅行<rt>りょこう</rt></ruby>は**<ruby>楽<rt>たの</rt></ruby>しい**です。

● 즐겁다

친구랑 가는 여행은 즐겁습니다.

うれしい

<ruby>夢<rt>ゆめ</rt></ruby>が<ruby>叶<rt>かな</rt></ruby>って**うれしい**です。

● 기쁘다

꿈이 이루어져서 기쁩니다.

幸せだ
<ruby>幸<rt>しあわ</rt></ruby>

<ruby>彼女<rt>かのじょ</rt></ruby>は<ruby>海外<rt>かいがい</rt></ruby>で**<ruby>幸<rt>しあわ</rt></ruby>せな**<ruby>生活<rt>せいかつ</rt></ruby>を<ruby>送<rt>おく</rt></ruby>っている。

● 행복하다

그녀는 해외에서 행복한 생활을 하고 있다.

悲しい
<ruby>悲<rt>かな</rt></ruby>

アルバイトをクビになって**<ruby>悲<rt>かな</rt></ruby>しい**。

● 슬프다

아르바이트를 해고당해서 슬프다.

なつかしい

中学校に通っていた頃がなつかしいです。

● 그립다

중학교를 다니고 있었을 적이
그립습니다.

喜ぶ

彼の成功をみんなが喜んだ。

● 기뻐하다

그의 성공을 모두가
기뻐했다.

悲しむ

子どもの悲しむ姿は見たくないです。

● 슬퍼하다

아이가 슬퍼하는 모습은 보고
싶지 않습니다.

笑う

写真の中でみんなが笑っています。

● 웃다

사진 속 모두가 웃고
있습니다.

泣く

子どもが大きな声で泣いています。

● 울다

아이가 큰 소리로 울고
있습니다.

楽しみにする

毎月、給料日を楽しみにしています。

● 기대하다

매달 월급날이 기다려집니다.

ワクワクする

クリスマスツリーを見るとワクワクします。

● 설레다, 두근거리다

크리스마스 트리를 보면
설렙니다.

おもしろい

最近の映画は**おもしろい**ものが多い。

● 재미있다

요즘 영화는 재미있는 것이 많다.

つまらない

毎日が同じことの繰り返しで**つまらない**。

● 재미없다

매일이 같은 일 반복이어서 재미없다.

好きだ

私は白くて大きな犬が**好き**です。

● 좋아하다

나는 하얗고 큰 개를 좋아합니다.

きらいだ

焼き魚は好きだけど、刺身は**きらい**です。

● 싫어하다

구운 생선은 좋아하지만 회는 싫어합니다.

いやだ

私は職場の雰囲気が**いや**です。

● 싫다

나는 직장 분위기가 싫습니다.

驚く

そのニュースを聞いてとても**驚き**ました。

● 놀라다

그 뉴스를 듣고 무척 놀랐습니다.

➕ 플러스 어휘

退屈だ 지루하다

不思議だ 불가사의하다, 이상하다

ユーモア 유머

びっくりする 놀라다

涙 눈물

めんどうくさい 귀찮다

寂しい
さび

寂しい時は映画を見ます。
さび　とき　えいが　み

● 쓸쓸하다, 외롭다

쓸쓸할 때는 영화를 봅니다.

かわいそうだ

みんなが彼のことをかわいそうに思いました。
かれ　　　　　　　　　　　　おも

● 불쌍하다

모두가 그를 불쌍하게
생각했습니다.

恥ずかしい
は

私は恥ずかしいと顔が赤くなります。
わたし　は　　　　　　　かお　あか

● 창피하다

나는 창피하면 얼굴이
빨개집니다.

残念だ
ざん　ねん

好きなレストランが閉店し、とても残念です。
す　　　　　　　　　へいてん　　　　　　ざんねん

● 유감이다, 아쉽다

좋아하는 레스토랑이 문을
닫아서 무척 아쉽습니다.

疲れる
つか

一日中歩いたので体が疲れました。
いちにちじゅうある　　　　　からだ　つか

● 지치다, 피곤하다

온종일 걸어서 몸이
지쳤습니다.

怒る
おこ

父はほとんど怒りません。
ちち　　　　　　おこ

● 화나다

아빠는 거의 화를 내지
않습니다.

怖い
こわ

小さい頃からへびが怖いです。
ちい　ころ　　　　　　こわ

● 무섭다

어릴 때부터 뱀이
무섭습니다.

04 숫자와 때

1 いち
一

6 ろく
六

2 に
二

7 しち・なな
七

3 さん
三

8 はち
八

4 し・よん
四

9 きゅう・く
九

5 ご
五

10 じゅう
十

04-01.mp3

숫자(11~20)

04-02.mp3

11	12	13	14	15
じゅういち	じゅうに	じゅうさん	じゅうよん	じゅうご
十一	十二	十三	じゅうし	十五
			十四	

16	17	18	19	20
じゅうろく	じゅうなな	じゅうはち	じゅうきゅう	にじゅう
十六	じゅうしち	十八	じゅうく	二十
	十七		十九	

숫자(10~100)

04-03.mp3

0	ゼロ	れい	まる

10	20	30	40	50
じゅう	にじゅう	さんじゅう	よんじゅう	ごじゅう
十	二十	三十	四十	五十

60	70	80	90	100
ろくじゅう	ななじゅう	はちじゅう	きゅうじゅう	ひゃく
六十	七十	八十	九十	百

숫자(200~10000)

200	300	400	500	600
にひゃく	さんびゃく	よんひゃく	ごひゃく	ろっぴゃく
二百	三百	四百	五百	六百

700	800	900	1000	10000
ななひゃく	はっぴゃく	きゅうひゃく	せん	いちまん
七百	八百	九百	千	一万

사람

한 명	두 명	세 명	네 명	다섯 명
ひとり	ふたり	さんにん	よにん	ごにん
一人	二人	三人	四人	五人

여섯 명	일곱 명	여덟 명	아홉 명	열 명
ろくにん	ななにん	はちにん	きゅうにん	じゅうにん
六人	しちにん	八人	くにん	十人
	七人		九人	

개수

한 개	두 개	세 개	네 개	다섯 개
ひとつ	ふたつ	みっつ	よっつ	いつつ
一つ	二つ	三つ	四つ	五つ

여섯 개	일곱 개	여덟 개	아홉 개	열 개
むっつ	ななつ	やっつ	ここのつ	とお
六つ	七つ	八つ	九つ	十

개수

한 개	두 개	세 개	네 개	다섯 개
いっこ	にこ	さんこ	よんこ	ごこ
一個	二個	三個	四個	五個

여섯 개	일곱 개	여덟 개	아홉 개	열 개
ろっこ	ななこ	はっこ はちこ	きゅうこ	じゅっこ
六個	七個	八個	九個	十個

가늘고 긴 물건

한 병, 한 자루	두 병, 두 자루	세 병, 세 자루	네 병, 네 자루	다섯 병, 다섯 자루
いっぽん	にほん	さんぼん	よんほん	ごほん
一本	二本	三本	四本	五本

여섯 병, 여섯 자루	일곱 병, 일곱 자루	여덟 병, 여덟 자루	아홉 병, 아홉 자루	열 병, 열 자루
ろっぽん	ななほん	はっぽん	きゅうほん	じゅっぽん
六本	七本	八本	九本	十本

얇고 평평한 것

한 장	두 장	세 장	네 장	다섯 장
いちまい	にまい	さんまい	よんまい	ごまい
一枚	二枚	三枚	四枚	五枚

여섯 장	일곱 장	여덟 장	아홉 장	열 장
ろくまい	ななまい	はちまい	きゅうまい	じゅうまい
六枚	しちまい	八枚	九枚	十枚
	七枚			

数^{かず}

○ 수

日^に本^{ほん}の小^{しょう}学^{がっ}校^{こう}で習^{なら}う漢^{かん}字^じの数^{かず}は1026字^じです。

일본의 초등학교에서 배우는
한자 수는 1026자입니다.

数^{かぞ}える

○ 세다

箱^{はこ}の中^{なか}に入^{はい}っているりんごの数^{かず}を数^{かぞ}えます。

상자 안에 들어 있는 사과
개수를 셉니다.

いくつ

○ 몇 개

いちごは**いくつ**ありますか。

딸기는 몇 개 있습니까?

以^い外^{がい}

○ 이외

１日^{ついたち}と２日^{ふつか}以^い外^{がい}は店^{みせ}が開^あいています。

1일과 2일 이외에는 가게가
열려 있습니다.

以^い上^{じょう}

○ 이상

このメニューは二^に人^{にん}前^{まえ}以^い上^{じょう}から注^{ちゅう}文^{もん}できます。

이 메뉴는 2인분 이상부터
주문할 수 있습니다.

 플러스 어휘

以^い下^か 이하　　　　以^い内^{ない} 이내　　　　電^{でん}話^わ番^{ばん}号^{ごう} 전화번호

カレンダー

^{ろくがつ}６月の**カレンダー**に^か変えてください。

달력

6월 달력으로 바꿔 주세요.

スケジュール

その^ひ日はすでに**スケジュール**が^う埋まっています。

스케줄

그 날은 이미 스케줄이 꽉 차 있습니다.

いつ

^{ほっかいどう}北海道には**いつ**^い行きましたか。

언제

홋카이도에는 언제 갔습니까?

^{たんじょう び}誕生日

^{かれ し}彼氏の^{たんじょう び}**誕生日**を^{わす}忘れていました。

생일

남자친구 생일을 깜박했습니다.

としを^と取る

としを^と取ると^{ちから し ごと}力仕事が^{たいへん}大変です。

나이를 먹다

나이를 먹으면 육체 노동이 힘듭니다.

^{わか}若い

^{わか ころ かみ け きんぱつ}**若い**頃は髪の毛が金髪でした。

젊다

젊었을 때는 머리카락이 금발이었습니다.

➕ 플러스 어휘　　　　　　　　　　　　　　　　　　　　04-13.mp3

ダイアリー 다이어리　　　　　お^{しょうがつ}正月 정월　　　　　おおみそか 섣달그믐

クリスマス 크리스마스　　　ゴールデンウィーク 황금 연휴　　おさない 어리다

요일(曜日)·일(日)

월요일	화요일	수요일	목요일	금요일
げつようび	かようび	すいようび	もくようび	きんようび
月曜日	火曜日	水曜日	木曜日	金曜日

1日	2日	3日	4日	5日
ついたち	ふつか	みっか	よっか	いつか
8日	9日	10日	11日	12日
ようか	ここのか	とおか	じゅういちにち	じゅうににち
15日	16日	17日	18日	19日
じゅうごにち	じゅうろくにち	じゅうしちにち	じゅうはちにち	じゅうくにち
22日	23日	24日	25日	26日
にじゅうににち	にじゅうさんにち	にじゅうよっか	にじゅうごにち	にじゅうろくにち
29日	30日	31日		
にじゅうくにち	さんじゅうにち	さんじゅういちにち		

월(月)

토요일	일요일
どようび	**にちようび**
土曜日	日曜日

6日	7日
むいか	**なのか**
13日	14日
じゅうさんにち	**じゅうよっか**
20日	21日
はつか	**にじゅういちにち**
27日	28日
にじゅうしちにち	**にじゅうはちにち**

1月	2月
いちがつ	にがつ
3月	4月
さんがつ	しがつ
5月	6月
ごがつ	ろくがつ
7月	8月
しちがつ	はちがつ
9月	10月
くがつ	じゅうがつ
11月	12月
じゅういちがつ	じゅうにがつ

何月何日
なんがつなんにち

結婚記念日は何月何日ですか。
けっこんきねんび　なんがつなんにち

● 몇 월 며칠

결혼기념일은 몇 월 며칠입니까?

何曜日
なんようび

今週は何曜日に会いましょうか。
こんしゅう　なんようび　あ

● 무슨 요일

이번 주는 무슨 요일에 만날까요?

毎年
まいとし

私たちは毎年、クリスマスを一緒に過ごします。
わたし　　まいとし　　　　　　　いっしょ　す

● 매년

우리는 매년 크리스마스를 함께 보냅니다.

去年
きょねん

去年は今までで一番忙しい年でした。
きょねん　いま　　　いちばんいそが　　とし

● 작년

작년은 지금까지 중에 가장 바쁜 해였습니다.

今年
ことし

今年の９月に赤ちゃんが生まれます。
ことし　くがつ　あか　　　　　う

● 올해

올해 9월에 아기가 태어납니다.

来年
らいねん

来年は家族と海外旅行に行きたいです。
らいねん　かぞく　かいがいりょこう　い

● 내년

내년에는 가족과 해외여행을 가고 싶습니다.

年末
ねんまつ

年末は仕事がいつも忙しいです。
ねんまつ　しごと　　　　いそが

● 연말

연말에는 일이 항상 바쁩니다.

まいつき
毎月

毎月、家賃を払っています。

● 매월, 매달

매달 집세를 내고 있습니다.

こんげつ
今月

今月はクリスマスシーズンなので少し忙しいです。

● 이번 달

이번 달은 크리스마스
시즌이라서 좀 바쁩니다.

らいげつ
来月

来月、お店をリニューアルする予定です。

● 다음 달

다음 달 가게를 리뉴얼할
예정입니다.

せんげつ
先月

先月は会社の売り上げがすごくよかったです。

● 지난달

지난달은 회사 매출이 아주
좋았습니다.

げつまつ
月末

月末から梅雨が始まります。

● 월말

월말부터 장마가 시작됩니다.

플러스 어휘

おととし 재작년

さらいねん
再来年 내후년

せんせんげつ
先々月 지지난 달

さらいげつ
再来月 다음다음 달

いっかげつ
一ヶ月 한 달

毎週
まいしゅう

毎週、ヨガに通っています。
まいしゅう　かよ

● 매주

매주 요가를 다니고
있습니다.

先週
せんしゅう

先週からずっと雨が降っています。
せんしゅう　　　　　あめ　ふ

● 지난주

지난주부터 계속 비가 내리고
있습니다.

今週
こんしゅう

今週は会社で大きなイベントがあります。
こんしゅう　かいしゃ　おお

● 이번 주

이번 주에는 회사에서 큰
행사가 있습니다.

来週
らいしゅう

来週は友だちの家でバーベキューをします。
らいしゅう　とも　　　いえ

● 다음 주

다음 주에는 친구 집에서
바베큐를 할 거예요.

週末
しゅうまつ

週末は日本のドラマを見て過ごします。
しゅうまつ　にほん　　　　　　み　す

● 주말

주말에는 일본 드라마를
보면서 지냅니다.

毎日
まいにち

毎日、自転車で100km走っています。
まいにち　じてんしゃ　ひゃくキロはし

● 매일

매일 자전거로 100km
달리고 있습니다.

昨日
きのう

昨日の飲み会は楽しかったですね。
きのう　の　かい　たの

● 어제

어제 회식은 즐거웠어요.

44

今日
きょう

今日から夏休みが始まります。
きょう　なつやす　　　はじ

● 오늘

오늘부터 여름 방학이
시작됩니다.

明日
あした

明日は会社で重要な会議があります。
あした　かいしゃ　じゅうよう　かいぎ

● 내일

내일은 회사에서 중요한
회의가 있습니다.

最近
さいきん

最近、若者に人気の観光スポットがあります。
さいきん　わかもの　にんき　かんこう

● 최근, 요즘

최근 청년들 사이에서 인기
있는 관광 스폿이 있습니다.

今
いま

今から出かけるところです。
いま　　　で

● 지금

지금부터 외출할 참이에요.

時間
じかん

料理ができるまで時間がかかります。
りょうり　　　　　　じかん

● 시간

요리가 될 때까지 시간이
걸립니다.

せんせんしゅう
先々週 지지난 주

さくじつ
昨日 어제

いちにち
1日 하루

はん
半 반, 30분

さらいしゅう
再来週 다음다음 주

ほんじつ
本日 오늘

いっしゅうかん
一週間 일주일 동안

おととい 그저께

あさって 내일 모레

いちじかん
一時間 한 시간

시(時)와 분(分)

04-22.mp3

今、何時何分ですか。지금 몇 시 몇 분입니까?
9時半です。아홉 시 반입니다.

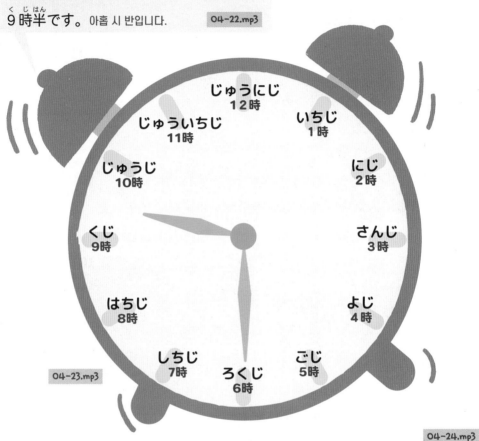

じゅうにじ
12時

じゅういちじ
11時

いちじ
1時

じゅうじ
10時

にじ
2時

くじ
9時

さんじ
3時

はちじ
8時

よじ
4時

しちじ
7時

ろくじ
6時

ごじ
5時

04-23.mp3

04-24.mp3

いっぷん	にふん	さんぷん	よんぷん	ごふん
1分	2分	3分	4分	5分
ろっぷん	ななふん	はっぷん	きゅうふん	じゅっぷん
6分	7分	8分	9分	10分
にじゅっぷん	さんじゅっぷん	よんじゅっぷん	ごじゅっぷん	
20分	30分	40分	50分	

夜明け
よ　あ

夜明けが来るまでここで待とう。
よ　あ　　　く　　　　　　　　　ま

새벽

새벽이 올 때까지 여기에서
기다리자.

朝
あさ

朝のバスはとても混んでいます。
あさ　　　　　　　　　こ

아침

아침 버스는 무척 붐빕니다.

午前
ご　ぜん

明日の午前10時までにレポートを出してください。
あした　　ごぜんじゅうじ　　　　　　　　　　　だ

오전

내일 오전 열 시까지
보고서를 제출해 주세요.

昼
ひる

休日はいつも昼まで寝ています。
きゅうじつ　　　　ひる　　ね

낮

휴일에는
항상 낮까지 잡니다.

午後
ご　ご

午後3時から4時以外は、ずっと暇です。
ごごさんじ　　　よじいがい　　　　　　ひま

오후

오후 세 시부터 네 시
이외에는 쭉 한가합니다.

夕方
ゆう　がた

子どもたちは夕方に帰ってきます。
こ　　　　　　ゆうがた　　かえ

저녁

아이들은 저녁에 돌아옵니다.

夜
よる

ここは夜になると星がよく見える。
よる　　　　　　ほし　　　み

밤

여기는
밤이 되면 별이 잘 보인다.

47

今朝 (けさ)

スマホで**今朝**のニュースを確認しました。

● 오늘 아침

스마트폰으로 오늘 아침 뉴스를 확인했습니다.

今晩 (こんばん)

今晩の夕食はカレーライスですよ。

● 오늘밤

오늘밤 저녁 식사는 카레라이스예요.

ゆうべ

ゆうべは遅くまで遊びました。

● 어젯밤, 어제 저녁

어젯밤에는 늦게까지 놀았습니다.

早い (はや)

週末は、家に帰る時間が**早い**です。

● 빠르다, 이르다

주말은 집에 돌아가는 시간이 빠릅니다.

遅い (おそ)

遅い時間に連絡をしてすみません。

● 늦다

늦은 시간에 연락해서 죄송합니다.

05 가정생활

家 집

洗濯 빨래

掃除機 청소기

掃除 청소

리빙 거실
家事 집안일
きれいだ 깨끗하다

アイロンをかける
다리미질을 하다

家庭
かてい

幸せな家庭を作ることが私の夢です。
しあわ　　かてい　つく　　　　　　わたし　ゆめ

○ 가정

행복한 가정을 만드는 것이
제 꿈입니다.

生活
せいかつ

日本での生活はどうですか。
にほん　　せいかつ

○ 생활

일본에서의 생활은
어떻습니까?

暮らす
く

私は祖母と2人で暮らしています。
わたし　そぼ　ふたり　く

○ 살다, 생활하다

나는 할머니와 둘이서
생활하고 있습니다.

住む
す

田中さんは大阪に住んでいます。
たなか　　　おおさか　す

○ 살다

다나카 씨는 오사카에 살고
있습니다.

家
いえ

海の近くに家を建てたいです。
うみ　ちか　いえ　た

○ 집

바다 근처에 집을 짓고
싶습니다.

アパート

アパートの屋上で野菜と花を育てています。
おくじょう　やさい　はな　そだ

○ 아파트, 다세대 주택

아파트 옥상에서 채소와 꽃을
키우고 있습니다.

マンション

マンションの管理室は一階にあります。
かんりしつ　いっかい

○ (대단지) 아파트

아파트 관리실은 1층에
있습니다.

見つかる
き み
昨日いいアパートが**見つかる**ました。

● 발견되다, 찾아지다

어제 좋은 아파트를
찾았습니다.

契約する
けい やく
大家さんとアパートを**契約**しました。
おお や   けいやく

● 계약하다

집주인과 아파트를
계약했습니다.

借りる
か
仕事のために３ヶ月だけ部屋を**借りました**。
し ごと   さん げつ   へ や   か

● 빌리다

일 때문에 세 달만 방을
빌렸습니다.

引っ越し
ひ   こ
田中さんは来月福岡に**引っ越し**をします。
た なか   らいげつふくおか   ひ こ

● 이사

다나카 씨는 다음 달
후쿠오카로 이사를 합니다.

家賃
や ちん
毎月２５日に**家賃**を払っています。
まいつきにじゅうごにち   や ちん はら

● 집세, 월세

매월 25일에 집세를 냅니다.

過ごす 보내다, 지내다
す

大家 집주인
おお や

一人暮らし 독신 생활, 혼자 삶
ひとり ぐ

お宅 집, 댁
たく

不動産屋 부동산
ふ どうさん や

リフォーム 리모델링

一戸建て 단독 주택
いっ こ だ

引っ越す 이사하다
ひ こ

光熱費 광열비
こうねつ ひ

住所
じゅうしょ

ナビに**住所**を入力しました。
じゅうしょ　にゅうりょく

● 주소

네비게이션에 주소를
입력했습니다.

広い
ひろ

この家はお風呂場がとても**広い**です。
いえ　　ふ ろ ば　　　　　　ひろ

● 넓다

이 집은 욕실이 아주
넓습니다.

狭い
せま

リビングは広いけれど、風呂は**狭い**です。
ひろ　　　　　　ふ ろ　せま

● 좁다

거실은 넓지만 욕실은
좁습니다.

部屋
へ や

私は姉と一緒に**部屋**を使っています。
わたし　あね　いっしょ　　へ や　つか

● 방

나는 언니와 함께 방을 쓰고
있어요.

キッチン

キッチンの後片付けがめんどくさいです。
あとかた づ

● 주방, 부엌

주방 설거지가 귀찮습니다.

トイレ

トイレは階段の後ろにあります。
かいだん　うし

● 화장실

화장실은 계단 뒤에
있습니다.

リビング

父は**リビング**でドラマを見ています。
ちち　　　　　　　　　　　　み

● 거실

아빠는 거실에서 드라마를
보고 있습니다.

玄関
げん かん

玄関で靴を脱いで入りました。
げんかん　くつ　ぬ　　　　はい

● 현관

현관에서 신발을 벗고
들어갔습니다.

庭
にわ

庭に白い花がたくさん咲いています。
にわ　しろ　はな　　　　　　　さ

● 정원, 뜰, 마당

정원에 흰 꽃이 많이 피어
있습니다.

階段
かい だん

祖母の家の**階段**は狭いです。
そ ぼ　いえ　かいだん　せま

● 계단

할머니 집 계단은 좁습니다.

壁
かべ

マンションの**壁**が汚れています。
かべ　よご

● 벽

아파트 벽이 더러워져
있습니다.

ドア

ドアを開ける前にノックしてください。
あ　　まえ

● 문

문을 열기 전에 노크를
해 주세요.

➕ 플러스 어휘 🙋

屋根 지붕 や ね	**寝室** 침실 しんしつ	**書斎** 서재 しょさい
居間 거실 い ま	**台所** 주방, 부엌 だいどころ	**お手洗い** 화장실 て あら
浴室 욕실 よくしつ	**ベランダ** 베란다	**倉庫** 창고 そう こ
洋室 서양식 방 ようしつ	**和室** 다다미가 있는 일본식 방 わ しつ	**たたみ** 다다미
エレベーター 엘리베이터	**エスカレーター** 에스컬레이터	

窓
ホテルの窓から見える景色が素晴らしい。

● 창문
호텔 창문에서 보이는 경치가 멋지다.

開ける
暑いので、窓を開けてもいいですか。

● 열다
더우니까 창문을 열어도 될까요?

閉める
日差しが強いのでブラインドを閉めました。

● 닫다
햇살이 강해서 블라인드를 닫았습니다.

開く
このゲートは自動で開きます。

● 열리다
이 게이트는 자동으로 열립니다.

閉まる
ドアが閉まります。ご注意ください。

● 닫히다
문이 닫힙니다. 주의하세요.

日常
ブイログを通じて日常を共有します。

● 일상
브이로그를 통해 일상을 공유합니다.

いる
週末はずっと家にいる予定です。

● (사람·동물 등이) 있다
주말에는 쭉 집에 있을 예정입니다.

留守
るす

友_{とも}だちに会_あいに寮_{りょう}に行_いきましたが、**留守_{るす}**でした。

부재중

친구를 만나러 기숙사에
갔지만, 부재중이었습니다.

育てる
そだ

田中_{たなか}さんは一人_{ひとり}で子_こどもを**育_{そだ}てて**います。

키우다

다나카 씨는 혼자서 아이를
키우고 있습니다.

寝る
ね

赤_{あか}ちゃんがぐっすりと**寝_ねて**います。

자다, 눕다

아기가 곤히 자고 있습니다.

起きる
お

父_{ちち}はいつも朝早_{あさはや}く**起_おきて**運動_{うんどう}をします。

일어나다

아빠는 언제나 일찍 일어나서
운동을 합니다.

洗う
あら

ハンドソープで手_てをきれいに**洗_{あら}いましょう**。

씻다

핸드워시로 손을 깨끗하게
씻읍시다.

+ 플러스 어휘

05-09.mp3

育_{そだ}つ 자라다

眠_{ねむ}い 졸리다

寝坊_{ねぼう} 늦잠

昼寝_{ひるね} 낮잠

シャワーを浴<ruby>あ<rt></rt></ruby>びる

運動<ruby>うんどう<rt></rt></ruby>したら、冷<ruby>つめ<rt></rt></ruby>たい**シャワーを浴<ruby>あ<rt></rt></ruby>びます**。

● 샤워를 하다

운동을 하면 찬물로 샤워를 합니다.

お風呂<ruby>ふろ<rt></rt></ruby>に入<ruby>はい<rt></rt></ruby>る

帰<ruby>かえ<rt></rt></ruby>ってきてすぐに**お風呂<ruby>ふろ<rt></rt></ruby>に入<ruby>はい<rt></rt></ruby>ります**。

● 목욕하다

집에 돌아와서 곧바로 목욕을 합니다.

お風呂<ruby>ふろ<rt></rt></ruby>を出<ruby>で<rt></rt></ruby>る

彼<ruby>かれ<rt></rt></ruby>は**お風呂<ruby>ふろ<rt></rt></ruby>を出<ruby>で<rt></rt></ruby>て**、冷<ruby>つめ<rt></rt></ruby>たいビールを飲<ruby>の<rt></rt></ruby>んだ。

● 목욕을 하고 나오다

그는 목욕을 하고 나와서 차가운 맥주를 마셨다.

タオル

カバンが濡<ruby>ぬ<rt></rt></ruby>れたので**タオル**で拭<ruby>ふ<rt></rt></ruby>きました。

● 수건

가방이 젖어서 수건으로 닦았습니다.

歯<ruby>は<rt></rt></ruby>みがき

食後<ruby>しょくご<rt></rt></ruby>には必<ruby>かなら<rt></rt></ruby>ず**歯<ruby>は<rt></rt></ruby>みがき**をします。

● 양치질

식사 후에는 반드시 양치질을 합니다.

➕ 플러스 어휘

みがく 닦다	**歯<ruby>は<rt></rt></ruby>ブラシ** 칫솔	**歯<ruby>は<rt></rt></ruby>みがき粉<ruby>こ<rt></rt></ruby>** 치약
かがみ 거울	**ドライヤー** 드라이어	**カミソリ** 면도기
せっけん 비누	**ハンドソープ** 핸드워시	

ある

充電器はベッドのよこに**ありました**。

● (식물·사물 등이) 있다

충전기는 침대 옆에
있었습니다.

家事

週末は**家事**で忙しかったです。

● 집안일, 가사

주말은 집안일로 바빴습니다.

片付ける

今日は子どものおもちゃを**片付けました**。

● 정리하다, 정돈하다

오늘은 아이의 장난감을
치웠습니다.

掃除

お風呂**掃除**はいつも父がやります。

● 청소

욕실 청소는 항상 아빠가
합니다.

掃除機

掃除機はほこりを吸い取ります。

● 청소기

청소기는 먼지를
빨아들입니다.

 플러스 어휘

05-13.mp3

電気製品 전자 제품	後片付け 뒷정리	コードレス掃除機 무선 청소기
ゴミ 쓰레기	ほこり 먼지	ゴミばこ 쓰레기통
ゴミ捨て場 쓰레기장	生ゴミ 음식물 쓰레기	コンセント 콘센트

リサイクル

古い掃除機を**リサイクル**に出した。

재활용

오래된 청소기를 재활용에
내놓았다.

捨てる

ゴミ捨て場にゴミを**捨て**ましょう。

버리다

쓰레기장에 쓰레기를
버립시다.

拾う

昨日道で財布を**拾いました**。

줍다

어제 길에서 지갑을
주웠습니다.

汚い

リビングはきれいですが、キッチンは**汚い**です。

더럽다

거실은 깨끗한데, 주방은
더럽습니다.

きれいだ

きれいに掃除してください。

깨끗하다

깨끗하게 청소해 주세요.

便利だ

最近は**便利な**電気製品が増えました。

편리하다

최근에는 편리한 전자기기가
늘었습니다.

テレビ

テレビの音を少し下げてください。

텔레비전

텔레비전 소리를 좀
줄여 주세요.

洗濯
せんたく

週末は洗濯をしたり、映画を見たりします。
しゅうまつ　せんたく　　　　えいが　み

세탁, 빨래

주말에는 빨래를 하기도 하고
영화를 보기도 합니다.

洗濯機
せんたくき

この服は洗濯機で洗えません。
ふく　せんたくき　あら

세탁기

이 옷은 세탁기로 빨 수
없습니다.

乾燥機
かんそうき

濡れた服を乾燥機にかけました。
ぬ　　ふく　かんそうき

건조기

젖은 옷을 건조기에 넣고
돌렸습니다.

アイロン

ワイシャツにアイロンをかけてください。

다리미

와이셔츠를 다려 주세요.

コインランドリー

洗濯機が壊れたので、コインランドリーに行きま
せんたくき　こわ　　　　　　　　　　　　　　　　　　　　い
した。

**무인 빨래방,
셀프 빨래방**

세탁기가 고장나서
무인 빨래방에 갔습니다.

クリーニング屋
や

クリーニング屋にワイシャツとネクタイを取りに
や　　　　　　　　　　　　　　　　と
行った。
い

세탁소

세탁소에 와이셔츠와
넥타이를 찾으러 갔다.

買い物
か　もの

母と2人で近くのスーパーで買い物をしました。
はは　ふたり　ちか　　　　　　　　　　か　もの

쇼핑, 장보기

엄마와 둘이서 가까운
슈퍼에서 장을 봤습니다.

料理
りょうり

私は料理が好きじゃありません。
わたし りょうり す

○ 요리

저는 요리하는 것을 좋아하지
않습니다.

皿洗い
さら あら

皿洗いを手伝いました。
さらあら てつだ

○ 설거지, 접시 닦기

설거지를 도왔습니다.

冷蔵庫
れい ぞう こ

冷蔵庫から野菜を取り出しました。
れいぞうこ やさい と だ

○ 냉장고

냉장고에서 채소를
꺼냈습니다.

炊飯器
すい はん き

私の家には炊飯器がありません。
わたし いえ すいはんき

○ 밥솥

저의 집에는 밥솥이
없습니다.

電子レンジ
でん し

カレーを電子レンジで 3 分温めました。
でんし さんぷんあたた

○ 전자레인지

카레를 전자레인지에 3분
데웠습니다.

オーブン 오븐	ポット 커피 포트
チンする 전자레인지에 음식을 데우다	温める 데우다, 따뜻하게 하다 あたた

エアコン

部屋が暑いので、**エアコン**をつけてもいいですか。

● 에어컨

방이 더우니까 에어컨을 켜도 될까요?

扇風機

夜は**扇風機**をつけて寝ます。

● 선풍기

밤에는 선풍기를 켜고 잡니다.

冷房

寝る時は**冷房**を消します。

● 냉방, 에어컨

잘 때는 에어컨을 끕니다.

暖房

右のボタンを押すと**暖房**がつきます。

● 난방, 히터

오른쪽 버튼을 누르면 히터가 켜집니다.

つける

部屋の電気を**つけて**ください。

● 켜다

방 불을 켜 주세요.

消す

出かけるときは電気を**消して**ください。

● 끄다

외출할 때는 전깃불을 꺼 주세요.

 플러스 어휘   05-19.mp3

| ハンディファン 휴대용 미니 선풍기 | ヒーター 히터 | こたつ 고타츠(일본식 난방 기구) |
| 電気 전기, 전깃불 | 電気スタンド 스탠드, 조명 | つく 켜지다 |

消える
き

玄関の電気が**消えました**。
げんかん　でん き　　き

● 사라지다, 꺼지다

현관 불이 꺼졌습니다.

電話
でん　わ

帰り道に妻に**電話**をしました。
かえ みち つま でん わ

● 전화

집에 돌아가는 길에 아내에게
전화를 했습니다.

ボタン

ボタンを押すと電気がつきます。
お　　でん き

● 버튼, 단추

버튼을 누르면 불이
켜집니다.

故障する
こ しょう

車が**故障した**ので、レッカーを頼みました。
くるま こしょう たの

● 고장나다

자동차가 고장나서 견인차를
부탁했습니다.

新しい
あたら

私は**新しい**家に引っ越しました。
わたし あたら いえ ひ こ

● 새롭다

나는 새 집으로
이사했습니다.

付く
つ

この寮にはユニットバスが**付いて**います。
りょう つ

● 붙다

이 기숙사에는 일체형 욕실이
붙어 있습니다.

ラジオ 라디오　　　　　　　ベル 초인종

かぎ

必ず**かぎ**をかけてから出かけてください。

열쇠

반드시 문을 잠그고 나서
외출하세요.

出る

いつもの時間に弟と一緒に家を**出ます**。

나오(가)다, 나서다

여느 때와 같은 시간에
남동생과 함께 집을
나섭니다.

出かける

出かける前に部屋を片付けます。

외출하다

외출하기 전에 방을
정리합니다.

帰る

今日は歩いて家に**帰ります**。

돌아오(가)다

오늘은 걸어서 집에 갑니다.

宅配便

宅配便が届くのを待っています。

택배

택배가 오기를 기다리고
있습니다.

届ける

大きい家電製品を宅配便で**届けます**。

보내다, 도착하게 하다

대형 가전제품을 택배로
배달합니다.

届く

今日の午前中に荷物が**届きます**。

도착하다

오늘 오전 중으로 짐이
도착할 겁니다.

家具
かぐ

必要な**家具**は全部そろいました。
ひつよう　かぐ　ぜんぶ

● 가구

필요한 가구는 모두
갖춰졌습니다.

机
つくえ

ユニークなデザインの**机**ですね。
つくえ

● 책상

독특한 디자인의 책상이네요.

テーブル

早く**テーブル**の上を片付けてください。
はや　　　　　　　うえ　かたづ

● 탁자

빨리 탁자 위를 정리해
주세요.

椅子
いす

椅子の上には立たないでください。
いす　うえ　　た

● 의자

의자 위에는 올라서지
마세요.

ベッド

今すぐふかふかの**ベッド**で寝たい。
いま　　　　　　　　　　ね

● 침대

지금 바로 폭신폭신한
침대에서 자고 싶다.

✛ 플러스 어휘　　　　　　　　　　　　　　　　　　　　　　

マッサージチェア 안마 의자	食卓 식탁 しょくたく	シンク 싱크대
本棚 책장 ほんだな	たんす 옷장	ハンガー 행거
引き出し 서랍 ひ　だ	食器棚 찬장 しょっきだな	靴箱 신발장 くつばこ

ソファ

ソファにクッションが３つ置いてあります。

● 소파

소파에 쿠션이 세 개 놓여 있습니다.

楽だ

このソファに座ると腰が楽です。

● 편하다, 안락하다

이 소파에 앉으면 허리가 편합니다.

日用品

スーパーで食材や日用品を買いました。

● 일용품, 생활용품

슈퍼에서 식재료랑 생활용품을 샀습니다.

布団

晴れた日に外で布団を干しました。

● 이불

화창한 날에 밖에서 이불을 말렸습니다.

毛布

床の上に毛布を敷きました。

● 모포, 담요

마루 위에 담요를 깔았습니다.

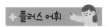 플러스 어휘   05-26.mp3

生活雑貨 생활 잡화   カーテン 커튼   まくら 베개

クッション 쿠션   ざぶとん 방석

置く

リビングの真ん中にテレビが**置いて**あります。

● 놓다, 두다

거실 한 가운데에 텔레비전이
놓여 있습니다.

かかる

壁に家族写真が**かかって**います。

● 걸리다

벽에 가족 사진이 걸려
있습니다.

飾る

玄関に美しい花束を**飾りました**。

● 장식하다

현관에 아름다운 꽃다발을
장식했습니다.

運ぶ

ソファはリビングに**運んで**ください。

● 옮기다

소파는 거실로 옮겨 주세요.

動かす

掃除するために冷蔵庫を**動かしました**。

● 옮기다, 움직이다

청소하기 위해 냉장고를
옮겼습니다.

重い

重い荷物を家の中に運びました。

● 무겁다

무거운 짐을 집 안으로
옮겼습니다.

軽い

椅子は**軽い**ので一人で持てます。

● 가볍다

의자는 가벼워서 혼자서 들
수 있습니다.

月	火	水	木	金
	数学 すう がく			
	国語 こく ご	英語 えい ご		音楽 おん がく
		理科 り か		美術 び じゅつ

科目 か もく 과목

学校 がっ こう 학교

学生 がく せい 학생

UNIT

06 학교생활

学校
がっこう

電車に乗って**学校**に行きます。
でんしゃ の がっこう い

● 학교

전철을 타고 학교에 갑니다.

教育
きょう いく

子どもの**教育**に興味があります。
こ きょういく きょうみ

● 교육

아이들의 교육에 관심이 있습니다.

小学校
しょう がっ こう

来週は**小学校**の運動会があります。
らいしゅう しょうがっこう うんどうかい

● 초등학교

다음 주에는 초등학교 운동회가 있습니다.

中学校
ちゅう がっ こう

中学校ではテニスの部活に入っていました。
ちゅうがっこう ぶ かつ はい

● 중학교

중학교 때에는 테니스 동아리에 들었었어요.

高校
こう こう

高校に入ったら英語の勉強を頑張りたいです。
こうこう はい えいご べんきょう がんば

● 고등학교

고등학교에 들어가면 영어 공부를 더 열심히 하고 싶습니다.

大学
だい がく

彼は京都**大学**の医学部に通っています。
かれ きょうとだいがく いがくぶ かよ

● 대학

그는 교토 대학 의학부에 다니고 있습니다.

大学院
だい がく いん

私は**大学院**に進学するつもりです。
わたし だいがくいん しんがく

● 대학원

나는 대학원에 진학할 생각입니다.

通う
かよ

料理の専門学校に 2 年**通いました**。
りょうり　せんもんがっこう　に　ねんかよ

● 다니다

요리 전문학교에 2년
다녔습니다.

塾
じゅく

塾で数学を勉強しています。
じゅく　すうがく　べんきょう

● 학원

학원에서 수학을 공부하고
있어요.

図書館
と　しょ　かん

図書館で本を借りるには学生証が要ります。
としょかん　ほん　か　がくせいしょう　い

● 도서관

도서관에서 책을 빌리려면
학생증이 필요합니다.

教室
きょう しつ

今日のお昼ご飯は**教室**で食べます。
きょう　ひる　はん　きょうしつ　た

● 교실

오늘 점심은 교실에서
먹어요.

寮
りょう

実家が遠いので、**寮**に住んでいます。
じっか　とお　りょう　す

● 기숙사

집이 멀어서 기숙사에서
살고 있습니다.

カフェテリア

大学の**カフェテリア**でうどんを食べました。
だいがく　た

● 학생 식당, 구내식당,
카페테리아

대학 학생 식당에서 우동을
먹었습니다.

 플러스 어휘

専門学校 전문학교
せんもんがっこう

学生食堂 학생 식당
がくせいしょくどう

学食 학식
がくしょく

運動場
うんどうじょう

体育の授業で**運動場**を走りました。
たいいく　じゅぎょう　うんどうじょう　はし

● 운동장

체육 수업에서 운동장을
달렸습니다.

体育館
たい いく かん

放課後に**体育館**で遊びました。
ほう か ご　たいいくかん　あそ

● 체육관

방과 후에 체육관에서
놀았습니다.

廊下
ろう か

廊下が滑りやすいので注意してください。
ろう か　すべ　　　　　　　　ちゅう い

● 복도

복도가 미끄러지기 쉬우니
조심하세요.

座る
すわ

ベンチに**座って**いるのが校長先生です。
すわ　　　　　　　こうちょうせんせい

● 앉다

벤치에 앉아 있는 분이
교장 선생님입니다.

立つ
た

生徒が席を**立って**廊下に出て行った。
せいと　せき　た　　ろうか　で い

● 서다

학생이 자리에서 일어나
복도로 나갔다.

集まる
あつ

運動場に生徒たちが**集まって**います。
うんどうじょう　せいと　　　　あつ

● 모이다

운동장에 학생들이 모여
있습니다.

遊ぶ
あそ

小学生たちが公園で元気に**遊ん**でいます。
しょうがくせい　　こうえん　げんき　あそ

● 놀다

초등학생들이 공원에서
신나게 놀고 있습니다.

クラス

_{かのじょ}彼女は**クラス**のリーダー_{てきそんざい}的存在です。

반, 학급, 클래스

그녀는 반에서 리더적인
존재입니다.

_{せん せい}先生

_{せんせい}先生、この_{もんだい}問題はどうやって_と解けばいいですか。

선생님

선생님 이 문제를 어떻게
풀어야 좋을까요?

_{がく せい}学生

この_{だいがく}大学には_{ゆうしゅう}優秀な_{がくせい}学生がたくさんいます。

학생

이 대학에는 뛰어난 학생이
많이 있습니다.

_{せい と}生徒

_{せいと}生徒がまじめに_{じゅぎょう}授業を_き聞いています。

중·고등학생

학생이 착실하게 수업을 듣고
있습니다.

_{はかせ}博士

_{はかせ}博士は_{しょくぶつ}植物を_{けんきゅう}研究しています。

박사

박사는 식물을 연구하고
있습니다.

_{じゅ けん せい}受験生

_{じゅけんせい}受験生たちは_{いそが}忙しい_{まいにち}毎日を_す過ごしています。

수험생

수험생들은 바쁜 나날을
보내고 있습니다.

플러스 어휘

_{こうちょう}校長 교장	_{りゅうがく}留学 유학	_{りゅうがくせい}留学生 유학생
_{いちねんせい}一年生 1학년	_{しんにゅうせい}新入生 신입생	クラスメイト 반 친구

入学
にゅうがく

息子は来年の春に小学校に**入学**します。
むすこ らいねん はる しょうがっこう にゅうがく

● 입학

아들은 내년 봄에 초등학교에 입학합니다.

卒業
そつぎょう

卒業してもずっと友だちでいようね。
そつぎょう とも

● 졸업

졸업해도 쭉 친구로 있자.

出席
しゅっせき

それでは、**出席**を取ります。
しゅっせき と

● 출석

그러면 출석을 부르겠습니다.

遅刻
ちこく

すみません。朝寝坊して**遅刻**をしてしまいました。
あさねぼう ちこく

● 지각

죄송합니다. 아침에 늦잠을 자서 지각하고 말았습니다.

遅れる
おく

面接の時間に**遅れ**ました。
めんせつ じかん おく

● 늦다

면접 시간에 늦었습니다.

欠席
けっせき

彼は三日連続で**欠席**しています。
かれ みっか れんぞく けっせき

● 결석

그는 사흘 연속으로 결석하고 있습니다.

休む
やす

今日は熱があるので学校を**休み**ます。
きょう ねつ がっこう やす

● 쉬다

오늘은 열이 있어서 학교를 쉽니다.

始まる
はじ

もうすぐ授業が**始まります**。
じゅぎょう はじ

● 시작되다

이제 곧 수업이 시작됩니다.

終わる
お

テストはあと3分で**終わります**。
さんぷん お

● 끝나다

시험은 3분 더 있으면
끝납니다.

夏休み
なつ やす

夏休みの宿題がまだ終わっていません。
なつやす しゅくだい お

● 여름 방학, 여름휴가

여름 방학 숙제를 아직 다
못했습니다.

空きコマ
あ

空きコマはカフェで課題をしました。
あ か だい

● 공강 시간

공강 시간에는 카페에서
과제를 했습니다.

休憩
きゅう けい

休憩時間にスマホを確認しました。
きゅうけい じ かん かくにん

● 휴게, 쉼

쉬는 시간에 스마트폰을
확인했습니다.

플러스 어휘

入学式 입학식
にゅうがくしき

卒業式 졸업식
そつぎょうしき

サークル (クラブ) 동아리

部活 동아리 활동
ぶ かつ

文化祭 학교 축제
ぶん か さい

体育祭 체육 대회
たいいくさい

運動会 운동회
うんどうかい

新歓コンパ 신입생 환영회
しんかん

教わる 배우다
おそ

始める 시작하다
はじ

終える 끝내다
お

春休み 봄 방학
はるやす

冬休み 겨울 방학
ふゆやす

全休 요일 공강, 하루 공강
ぜんきゅう

休み 휴식, 휴가
やす

勉強
べんきょう

一生懸命勉強したのにいい点数が取れませんでした。
いっしょうけんめいべんきょう　てんすう　と

● 공부

열심히 공부했는데 좋은 점수를 받지 못했습니다.

専攻
せんこう

彼は法学を専攻している学生です。
かれ　ほうがく　せんこう　がくせい

● 전공

그는 법학을 전공하는 학생입니다.

習う
なら

国語の授業で漢字の書き方を習いました。
こくご　じゅぎょう　かんじ　か　かた　なら

● 배우다

국어 수업에서 한자 쓰는 법을 배웠습니다.

教える
おし

先生、中間テストの範囲を教えてください。
せんせい　ちゅうかん　はんい　おし

● 가르치다

선생님, 중간고사 범위를 가르쳐 주세요.

授業
じゅぎょう

授業の時間に間に合わないかもしれない。
じゅぎょう　じかん　ま　あ

● 수업

수업 시간에 늦을지도 모른다.

受ける
う

毎日、山田教授の講義を受けています。
まいにち　やまだきょうじゅ　こうぎ　う

● (수업을) 듣다, 받다

매일 야마다 교수님의 수업을 듣고 있습니다.

講義
こうぎ

田中先生の講義はどれもおもしろいです。
たなかせんせい　こうぎ

● 강의

다나카 선생님 강의는 모두 재미있습니다.

74

覚える

数学の数式を**覚えなければ**いけません。

⬤ 외우다, 암기하다

수학의 수식을 외워야
합니다.

忘れる

頑張って覚えたのに、**忘れて**しまった。

⬤ 잊다, 잊어버리다

열심히 외웠는데 잊어버리고
말았다.

説明

先生の**説明**は分かりやすかったです。

⬤ 설명

선생님의 설명은 이해하기
쉬웠습니다.

詳しい

詳しいことは先生に聞いてください。

⬤ 자세하다, 상세하다

자세한 내용은 선생님께
물어보세요.

知る

私はまだ**知らない**ことが多いです。

⬤ 알다

나는 아직 모르는 게
많습니다.

予習

塾で学校の授業の**予習**をしました。

⬤ 예습

학원에서 학교(에서 할)
수업의 예습을 했습니다.

復習

今日習った単語の**復習**をします。

⬤ 복습

오늘 배운 단어 복습을
합니다.

75

宿題
しゅくだい

算数の**宿題**は難しいです。
さんすう　　しゅくだい　むずか

● 숙제

산수 숙제는 어렵습니다.

やる

宿題を**やって**からゲームをします。
しゅくだい

● 하다

숙제를 하고 나서 게임을 합니다.

レポート

レポートに必要な資料を集めています。
ひつよう　しりょう　あつ

● 리포트, 숙제

리포트에 필요한 자료를 모으고 있습니다.

辞書
じ しょ

タブレットに**辞書**のアプリが入っています。
じ しょ　　　　　　はい

● 사전

태블릿PC에 사전 애플리케이션이 깔려 있습니다.

調べる
しら

単語の意味をネットで**調べました**。
たんご　いみ　　　　　しら

● 조사하다

단어 뜻을 인터넷에서 조사했습니다.

考える
かんが

５分間、**考える**時間をあげます。
ご ふんかん　かんが　じかん

● 생각하다

5분간 생각할 시간을 주겠습니다.

発表
はっ ぴょう

来週火曜日にグループ**発表**をします。
らいしゅう か よう び　　　　　　はっぴょう

● 발표

다음 주 화요일에 조별 발표를 합니다.

声
_{こえ}

先生の**声**がよく聞こえません。
_{せんせい} _{こえ} _き

🔵 **목소리**

선생님의 목소리가 잘 안
들립니다.

言う
_い

初めて本音を**言いました**。
_{はじ} _{ほん ね} _い

🔵 **말하다**

처음으로 본심을 말했습니다.

話す
_{はな}

それでは、夏休みの思い出について**話して**ください。
_{なつやす} _{おも で} _{はな}

🔵 **이야기하다**

그러면 여름 방학의 추억에
대해 이야기해 주세요.

訪ねる
_{たず}

先週英語の先生を**訪ねました**。
_{せんしゅうえい ご} _{せんせい} _{たず}

🔵 **방문하다, 찾아가다**

지난주에 영어 선생님을
찾아뵈었습니다.

質問
_{しつ もん}

先生、**質問**の意味が分かりません。
_{せんせい} _{しつもん} _{い み} _わ

🔵 **질문**

선생님, 질문의 뜻을 잘
모르겠습니다.

聞く
_き

知らないことは何でも**聞いて**ください。
_し _{なん} _き

🔵 **묻다**

모르는 것은 무엇이든
물어보세요.

答える
_{こた}

質問に**答える**時は手をあげてください。
_{しつもん} _{こた} _{とき} _て

🔵 **대답하다, 답변하다**

질문에 답할 때는 손을
들어 주세요.

テスト

今からテストを始めるので静かにしてください。

시험, 테스트

지금부터 테스트를 시작할 테니까 조용히 해 주세요.

計画
けいかく

試験勉強の計画をきちんと立てました。

계획

시험 공부 계획을 제대로 세웠습니다.

問題
もんだい

教科書の問題を解いてみてください。

문제

교과서 문제를 풀어 봐 주세요.

返事
へんじ

生徒は元気な声で返事をしました。

대답, 답변

학생은 활기찬 목소리로 대답을 했습니다.

正しい
ただ

正しい答えを選んでください。

바르다, 맞다

맞는 답을 골라 주세요.

間違える
まちが

テストの答えを間違えました。

틀리다

시험 답을 틀렸습니다.

合格
ごうかく

行きたかった学校に合格できて嬉しいです。

합격

가고 싶었던 학교에 합격해서 기쁩니다.

成績
せいせき

今学期の**成績**はとてもよかったです。
こんがっき せいせき

● 성적

이번 학기 성적은 매우
좋았습니다.

単位
たんい

この教授はなかなか**単位**をくれません。
きょうじゅ たんい

● 학점

이 교수님은 학점을 잘 주지
않습니다.

フル単
たん

今学期は**フル単**を目指したいです。
こんがっき たん めざ

● 학점을 꽉 채움

이번 학기는 학점을 꽉
채우고 싶습니다.

留年
りゅうねん

留年したので大学を卒業できませんでした。
りゅうねん だいがく そつぎょう

● 유급

유급해서 대학을 졸업하지
못했습니다.

ほめる

テストの成績がよかったので**ほめられました**。
せいせき

● 칭찬하다

시험 성적이 좋아서
칭찬받았습니다.

しかる

教授からひどく**しかられました**。
きょうじゅ

● 혼내다

교수님께 호되게 혼났습니다.

플러스 어휘

中間テスト 중간고사
ちゅうかん

期末テスト 기말고사
きまつ

受かる 합격하다
う

不合格 불합격
ふ ごうかく

卒論 졸업 논문
そつろん

難しい
むずか

外国語の勉強は難しいが、楽しい。
がいこくご　べんきょう　むずか　　たの

- 어렵다

외국어 공부는 어렵지만
즐겁다.

易しい
やさ

この国語の問題はとても易しい。
こくご　もんだい　　　　やさ

- 쉽다

이 국어 문제는 아주 쉽다.

簡単だ
かんたん

簡単な料理のレシピを勉強する。
かんたん　りょうり　　　　　べんきょう

- 간단하다, 쉽다

간단한 요리 레시피를
공부한다.

複雑だ
ふくざつ

本の内容はかなり複雑でした。
ほん　ないよう　　　　ふくざつ

- 복잡하다, 어렵다

책 내용은 상당히
어려웠습니다.

相談
そうだん

学校の先生に進路について相談しました。
がっこう　せんせい　しんろ　　　　　そうだん

- 상담, 상의

학교 선생님에게 진로에 대해
상담했습니다.

履修登録
りしゅうとうろく

大学の時間割は自分で履修登録をして組みます。
だいがく　じかんわり　じぶん　りしゅうとうろく　　く

- 수강 신청

대학 시간표는 직접 수강
신청을 해서 짭니다.

科目
かもく

私の得意な科目は物理です。
わたし　とくい　かもく　ぶつり

- 과목

내가 자신 있는 과목은
물리입니다.

教科書
きょう か しょ

授業の内容を**教科書**に書き込みました。
じゅぎょう ないよう きょうかしょ か こ

● 교과서

수업 내용을 교과서에
적었습니다.

国語
こく ご

国語の期末テストが一番難しかったです。
こくご きまつ いちばんむずか

● 국어

국어 기말시험이 가장
어려웠습니다.

数学
すう がく

数学のノートを借りてもいいですか。
すうがく か

● 수학

수학 노트를 빌려도 됩니까?

理科
り か

理科の授業で実験をしました。
りか じゅぎょう じっけん

● 이과, 과학

과학 수업에서 실험을
했습니다.

美術
び じゅつ

美術の時間に絵を描きました。
びじゅつ じかん え えが

● 미술

미술 시간에 그림을
그렸습니다.

音楽
おん がく

彼は**音楽**の歴史を学んでいます。
かれ おんがく れきし まな

● 음악

그는 음악의 역사를 배우고
있습니다.

体育
たい いく

体育の授業の前に体操服に着替えます。
たいいく じゅぎょう まえ たいそうふく き が

● 체육

체육 수업 전에 체육복으로
갈아입습니다.

外国語
がいこくご

授業で**外国語**の歌を覚えました。
じゅぎょう　　がいこくご　　うた　　おぼ

● 외국어

수업에서 외국어 노래를
배웠습니다.

韓国語
かんこくご

週に一回、**韓国語**を勉強しています。
しゅう　いっかい　かんこくご　べんきょう

● 한국어

주 1회 한국어 공부를 하고
있습니다.

英語
えいご

ネットフリックスを見て**英語**を勉強しています。
み　　えいご　　べんきょう

● 영어

넷플릭스를 보면서 영어
공부를 하고 있습니다.

日本語
にほんご

私は**日本語**が得意になりたいです。
わたし　にほんご　とくい

● 일본어

나는 일본어를 잘하고
싶습니다.

会話
かいわ

ネイティブと英語で**会話**をするチャンスがほとんど
えいご　かいわ

ない。

● 회화

원어민과 영어로 회화를 할
기회가 거의 없다.

+ 플러스 어휘

さんすう **算数** 산수	かがく **科学** 과학	かがく **化学** 화학
さくぶん **作文** 작문	せかいし **世界史** 세계사	ちり **地理** 지리
てつがく **哲学** 철학	けいざいがく **経済学** 경제학	ほうがく **法学** 법학
しんりがく **心理学** 심리학	こうがく **工学** 공학	どうとく **道徳** 도덕
ぎじゅつかてい **技術家庭** 기술 가정	えいかいわ **英会話** 영어 회화	えいたんご **英単語** 영단어

書_かく

答_{こた}えは300文字_{さんびゃくもじ}以内_{いない}で**書_かいて**ください。

● 쓰다

답은 300자 이내로
써 주세요.

字_じ

田中_{たなか}さんは**字_じ**がきれいですね。

● 글씨, 글자

다나카 씨는 글씨가
예쁘네요.

文字_{もじ}

小学生_{しょうがくせい}が**文字_{もじ}**を書_かく練習_{れんしゅう}をしています。

● 글자, 문자

초등학생이 글자 쓰는 연습을
하고 있습니다.

文_{ぶん}

日本語_{にほんご}で**文_{ぶん}**を作_{つく}りました。

● 문장

일본어로 문장을
만들었습니다.

文章_{ぶんしょう}

つぎの**文章_{ぶんしょう}**を読_よんで、質問_{しつもん}に答_{こた}えなさい。

● 글

다음 글을 읽고 질문에 답해
주세요.

ノート

授業_{じゅぎょう}の内容_{ないよう}を**ノート**に取_とりました。

● 노트, 공책

수업 내용을 노트에
적었습니다.

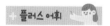 플러스 어휘

紙_{かみ} 종이

手書_{てが}き 손글씨

メモ 메모

文房具_{ぶんぼうぐ} 문구, 문방구

手帳_{てちょう} 수첩

筆箱_{ふでばこ} 필통

鉛筆

ボールペンではなく鉛筆で書いてください。

● 연필

볼펜 말고 연필로 써 주세요.

折れる

安い鉛筆はすぐに折れます。

● 부러지다, 꺾이다

값이 싼 연필은 금방 부러집니다.

削る

鉛筆削りで鉛筆を削りました。

● 깎다

연필깎이로 연필을 깎았습니다.

消しゴム

筆箱に消しゴムが入っています。

● 지우개

필통에 지우개가 들어 있습니다.

消す

消しゴムで字を消しました。

● 지우다

지우개로 글씨를 지웠습니다.

塗る

赤色の色鉛筆を使って塗ってください。

● 칠하다, 바르다

빨간색 색연필을 사용해서 칠해 주세요.

ハサミ

ハサミでロープを切りました。

● 가위

가위로 밧줄을 끊었습니다.

84

切る
カッターで紙を**切った**。

● 자르다

커터로 종이를 잘랐다.

定規
定規でノートに線を引きました。

● 자

자로 노트에 선을
그었습니다.

貼る
ポスターをテープでしっかりと**貼って**おきました。

● 붙이다

테이프로 포스터를 단단히
붙여두었습니다.

ホッチキス
レポートの左上を**ホッチキス**で留めました。

● 스테이플러, 호치키스

리포트의 왼쪽 위를
스테이플러로 찍었습니다.

外す
つけたホッチキスの芯を**外しました**。

● 빼다, 떼다

박아 놓은 스테이플러 심을
뺐습니다.

＋ 플러스 어휘

色鉛筆 색연필

万年筆 만년필

ペン 펜

シャーペン 샤프펜슬

ボールペン 볼펜

握る 쥐다, 잡다

絵の具 그림 물감

鉛筆削り 연필깎이

カッター 커터 칼

ふうとう 봉투

のり 풀

テープ 테이프

ファイル

プリントを**ファイル**に挟んで持って帰ります。

파일

프린트를 파일에 끼워서
집에 가지고 갑니다.

なくす

昨日もらったプリントを**なくし**ました。

잃어버리다

어제 받은 프린트를
잃어버렸습니다.

何

これは**何**ですか。

무엇

이것은 무엇입니까?

どれ

鈴木さんの本は**どれ**ですか。

어느 것

스즈키 씨의 책은 어느
것입니까?

あれ 저것

それ 그것

これ 이것

직장생활

忙しい 바쁘다
^{いそが}

書類 서류
^{しょ るい}

残業 잔업, 야근
^{ざん ぎょう}

上司 상사
^{じょう し}

休み 휴가
^{やす}

会社員 회사원
^{かい しゃ いん}

働く 일하다
^{はたら}

職業
しょくぎょう

あなたの職業は何ですか。

● 직업

당신의 직업은 무엇인가요?

アルバイト

最近、カフェのアルバイトを始めました。
さいきん　　　　　　　　　　　　　　　はじ

● 아르바이트

최근 카페 아르바이트를
시작했습니다.

夢
ゆめ

子どもの頃から持っていた夢が叶いました。
こ　　　ころ　　も　　　　　ゆめ　かな

● 꿈

어린 시절부터 갖고 있던
꿈이 이루어졌습니다.

なる

彼女は会社の社長になりました。
かのじょ　かいしゃ　しゃちょう

● 되다

그녀는 회사 사장이
되었습니다.

立派だ
りっぱ

将来は立派なバリスタになりたい。
しょうらい　りっぱ

● 훌륭하다, 뛰어나다

장래에는 뛰어난 바리스타가
되고 싶다.

会社員
かいしゃいん

私はゲーム会社で働く会社員です。
わたし　　　　がいしゃ　はたら　がいしゃいん

● 회사원

나는 게임 회사에서 일하는
회사원입니다.

教師
きょうし

彼は小学校の教師を目指しています。
かれ　しょうがっこう　きょうし　めざ

● 교사

그는 초등학교 교사를 목표로
하고 있습니다.

銀行員
ぎんこういん

銀行員の仕事は大変ですが、楽しいです。

● 은행원

은행원의 일은 힘들지만
즐겁습니다.

公務員
こうむいん

公務員になるために試験を受けます。

● 공무원

공무원이 되기 위해 시험을
봅니다.

作家
さっか

この**作家**が書いた本は、全部おもしろいです。

● 작가

이 작가가 쓴 책은 전부
재미있습니다.

シェフ

シェフは新しいメニューを考えています。

● 셰프, 요리사

셰프는 새로운
메뉴를 생각하고
있습니다.

店員
てんいん

私はパン屋で**店員**をしています。

● 점원

나는 빵집에서 점원을 하고
있습니다.

ネイルアーティスト

この**ネイルアーティスト**のデザインは、とても独特
です。

● 네일 아티스트

이 네일 아티스트의 디자인은
매우 독특합니다.

ミュージシャン

彼女は若者に人気の**ミュージシャン**です。

● 뮤지션, 음악가

그녀는 젊은이에게 인기 있는
뮤지션입니다.

プロゲーマー

彼<ruby>彼<rt>かれ</rt></ruby>は<ruby>日本<rt>にほん</rt></ruby>で<ruby>有名<rt>ゆうめい</rt></ruby>な**プロゲーマー**です。

● 프로게이머

그는 일본에서 유명한
프로게이머입니다.

ユーチューバー

<ruby>今<rt>いま</rt></ruby>の<ruby>時代<rt>じだい</rt></ruby>は、だれでも**ユーチューバー**になれます。

● 유튜버

이 시대에는 누구든지
유튜버가 될 수 있습니다.

キャビンアテンダント

キャビンアテンダントから
<ruby>毛布<rt>もうふ</rt></ruby>をもらった。

● (비행기, 배 등의)
승무원

승무원에게 담요를 받았다.

アナウンサー 아나운서	スポーツ<ruby>選手<rt>せんしゅ</rt></ruby> 운동선수	<ruby>画家<rt>がか</rt></ruby> 화가
<ruby>歌手<rt>かしゅ</rt></ruby> 가수	<ruby>記者<rt>きしゃ</rt></ruby> 기자	<ruby>軍人<rt>ぐんじん</rt></ruby> 군인
<ruby>警察官<rt>けいさつかん</rt></ruby> 경찰관	<ruby>刑事<rt>けいじ</rt></ruby> 형사	サラリーマン 샐러리맨
<ruby>小説家<rt>しょうせつか</rt></ruby> 소설가	デザイナー 디자이너	<ruby>俳優<rt>はいゆう</rt></ruby> 배우
パイロット 파일럿	パティシエ 파티시에, 제빵사	バリスタ 바리스타
<ruby>美容師<rt>びようし</rt></ruby> 미용사	プログラマー 프로그래머	<ruby>弁護士<rt>べんごし</rt></ruby> 변호사
モデル 모델		

会社
かい しゃ

彼女は**会社**で働きながら大学に通っています。
かのじょ　　かいしゃ　　はたら　　　　　だいがく　かよ

● 회사

그녀는 회사에서 일하면서
대학을 다니고 있습니다.

企業
き ぎょう

外国の**企業**と取り引きをしています。
がいこく　　きぎょう　と　ひ

● 기업

외국 기업과 거래를 하고
있습니다.

自営業
じ えいぎょう

会社を辞めて**自営業**を始めました。
かいしゃ　や　　　じ えいぎょう　はじ

● 자영업

회사를 그만두고 자영업을
시작했습니다.

組合
くみ あい

会社と労働**組合**の話し合いが始まりました。
かいしゃ　ろうどうくみあい　　はな　あ　　　はじ

● 조합

회사와 노동조합의 협상이
시작되었습니다.

競争
きょう そう

企業同士の価格**競争**が激しくなっています。
きぎょうどう し　か かくきょうそう　はげ

● 경쟁

기업 간의 가격 경쟁이
심해지고 있습니다.

経営
けい えい

彼女は小さなホテルを**経営**しています。
かのじょ　ちい　　　　　　　　けいえい

● 경영

그녀는 작은 호텔을 경영하고
있습니다.

➕ 플러스 어휘

大手企業 대기업
おお て き ぎょう

中小企業 중소기업
ちゅうしょう き ぎょう

就活
しゅうかつ

就活のために大学を休学しました。
しゅうかつ　　　　　　　だいがく　きゅうがく

- 구직 활동, 취업 활동

구직 활동을 위해 대학을
휴학했습니다.

足りる
た

会社の人手が足りていません。
かいしゃ　ひとで　た

- 충분하다

회사 일손이 충분하지
않습니다.

求人
きゅうじん

求人広告を出したのに、応募者がいない。
きゅうじんこうこく　だ　　　　　おうぼしゃ

- 구인

구인 광고를 냈는데 지원자가
없다.

見つける
み

時給が高いアルバイトを見つけました。
じきゅう　たか　　　　　　　　み

- 발견하다, 찾다

시급이 높은 아르바이트를
찾았습니다.

応募
おうぼ

当社に応募した理由は何ですか。
とうしゃ　おうぼ　りゆう　なん

- 응모, 지원

저희 회사에 지원한 이유는
무엇입니까?

エントリーシート

エントリーシートに志望動機を書きました。
しぼうどうき　か

- 입사 지원서,
  엔트리 시트

입사 지원서에 지원 동기를
적었습니다.

플러스 어휘

就職活動 구직 활동, 취업 활동　　インターンシップ 인턴십
しゅうしょくかつどう

履歴書
り れき しょ

履歴書に証明写真を貼りました。
り れきしょ　しょうめいしゃしん　は

● 이력서

이력서에 증명사진을
붙였습니다.

面接
めん せつ

メールで面接の日程が届きました。
めんせつ　にってい　とど

● 면접

메일로 면접 일정이
왔습니다.

経験
けい けん

学生時代の経験が就職活動に役立ちました。
がくせいじ だい　けいけん　しゅうしょくかつどう　やく だ

● 경험

학창시절 경험이 취업 활동에
도움이 되었습니다.

新卒
しん そつ

彼は新卒で入社しました。
かれ　しんそつ　にゅうしゃ

● 갓 졸업함, 갓 졸업한
사람

그는 갓 졸업해
입사했습니다.

内定
ない てい

彼は大企業から内定をもらっている。
かれ　だいきぎょう　ないてい

● 내정, 채용 확정(통보)

그는 대기업으로부터 채용
확정 통보를 받은 상태이다.

雇用
こ よう

若者を雇用する会社が増えています。
わかもの　こ よう　かいしゃ　ふ

● 고용

청년들을 고용하는 회사가
늘고 있습니다.

就職
しゅうしょく

彼女は希望していた会社に就職しました。
かのじょ　き ぼう　かいしゃ　しゅうしょく

● 취직

그녀는 희망하던 회사에
취직했습니다.

転職
てんしょく

もっと給料のいい会社に転職したいです。
きゅうりょう　　　かいしゃ　　てんしょく

전직, 이직

월급을 더 많이 주는 회사로 이직하고 싶습니다.

給料
きゅうりょう

給料の半分は貯金しています。
きゅうりょう　はんぶん　ちょきん

급료, 월급

월급의 절반은 저금하고 있습니다.

時給
じ　きゅう

深夜のアルバイトは時給が少し高くなります。
しんや　　　　　　　じきゅう　すこ　たか

시급

심야 아르바이트는 시급이 조금 높아집니다.

収入
しゅうにゅう

今年の収入は去年よりだいぶ増えました。
ことし　しゅうにゅう　きょねん　　　　　　ふ

수입

올해 수입은 작년보다 꽤 늘었습니다.

年収
ねん　しゅう

日本の中小企業の平均年収はどれくらいでしょうか。
にほん　ちゅうしょうきぎょう　へいきんねんしゅう

연수입, 연봉

일본의 중소기업 평균 연봉은 어느 정도일까요?

稼ぐ
かせ

副業で月10万円稼いでいます。
ふくぎょう　つきじゅうまんえんかせ

(노력해서 돈을) 벌다

부업으로 월 10만 엔을 벌고 있습니다.

もうける

投資をして、たくさんお金をもうけました。
とうし　　　　　　　　　　かね

(투자, 도박 등으로 돈을) 벌다

투자를 해서 돈을 많이 벌었습니다.

ボーナス

今年の**ボーナス**を楽しみにしています。

● 보너스

올해 보너스를 기대하고
있습니다.

貯金

アルバイトで稼いだお金は**貯金**しています。

● 저금

아르바이트로 번 돈은
저금하고 있습니다.

頑張る

今年も本当にみんなよく**頑張りました**ね。

● 힘을 내다, 열심히 하다

올해도 정말 모두 열심히
했네요.

発展

ＡＩの導入により産業が**発展**しました。

● 발전

AI 도입으로 인해 산업이
발전했습니다.

成功

新しく始めた事業が**成功**しました。

● 성공

새로 시작한 사업이
성공했습니다.

失敗

失敗を認めて謝りました。

● 실수, 실패

실수를 인정하고
사과했습니다.

休暇

休暇中は家で家族と過ごします。

● 휴가

휴가 중에는 집에서 가족과
보냅니다.

仕事
しごと

午後 5 時に**仕事**が終わります。
ごごごじ　しごと　お

● 일, 직업

오후 다섯 시에 일이
끝납니다.

出社
しゅっしゃ

締め切りが近いので、朝早くから**出社**しました。
しきちか　あさはや　しゅっしゃ

● 출근, 회사에 나감

마감이 가까워서 아침
일찍부터 출근했습니다.

準備
じゅんび

準備が遅かったので、遅刻しました。
じゅんび　おそ　ちこく

● 준비

준비가 늦어서 지각을
했습니다.

働く
はたら

私は 8 時から 5 時まで**働いて**います。
わたし　はちじ　ごじ　はたら

● 일하다

나는 여덟 시부터 다섯
시까지 일하고 있습니다.

勤める
つと

兄はインテリア会社に**勤めて**います。
あに　がいしゃ　つと

● 근무하다

형은 인테리어 회사에
근무하고 있습니다.

テレワーク

テレワークで家にいる時間が増えました。
いえ　じかん　ふ

● 재택근무

재택근무로 집에 있는 시간이
늘었습니다.

＋ 플러스 어휘

勤務 근무 きんむ	勤務時間 근무 시간 きんむじかん	退社 퇴근 たいしゃ
在宅勤務 재택근무 ざいたくきんむ	リモートワーク 재택근무	辞職 사직 じしょく

やめる

会社をやめて転職したいです。
かいしゃ　　　　　てんしょく

● 그만두다

회사를 그만두고 이직하고
싶습니다.

事務所
じ　む　しょ

事務所に荷物が届きました。
じ　む　しょ　　にもつ　　とど

● 사무실, 사무소

사무실에 짐이 도착했습니다.

本社
ほん　しゃ

本社では社員が100人働いています。
ほんしゃ　　　しゃいん　　ひゃくにんはたら

● 본사

본사에서는 사원 100명이
일하고 있습니다.

支店
し　てん

大阪支店の田中さんから電話が来ました。
おおさかしてん　　たなか　　　　でんわ　き

● 지점

오사카 지점의 다나카
씨로부터 전화가 왔습니다.

工場
こう　じょう

工場で船や車の部品を作っている。
こうじょう　ふね　くるま　ぶひん　つく

● 공장

공장에서 배랑 자동차 부품을
만들고 있다.

会議室
かい　ぎ　しつ

会議室にプロジェクターが置いてあります。
かい　ぎ　しつ　　　　　　　　　　お

● 회의실

회의실에 프로젝터가 놓여
있습니다.

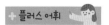 플러스 어휘

07-15.mp3

オフィス 오피스, 사무실　　　　現場 현장　　　　休憩室 휴게실
　　　　　　　　　　　　　　　げん ば　　　　　　きゅうけいしつ

社員
しゃいん

社長が社員の名前を呼んでいます。
しゃちょう　しゃいん　なまえ　よ

● 사원

사장이 사원 이름을 부르고
있습니다.

同僚
どうりょう

同僚の海外転勤が決まりました。
どうりょう　かいがいてんきん　き

● 동료

동료의 해외 전근이
정해졌습니다.

上司
じょうし

上司が部下を呼び出した。
じょうし　ぶか　よ　だ

● 상사

상사가 부하 직원을 불렀다.

課長
かちょう

斎藤さんは課長から部長に昇進しました。
さいとう　かちょう　ぶちょう　しょうしん

● 과장(님)

사이토 씨는 과장에서
부장으로 승진했습니다.

部長
ぶちょう

部長と一緒に海外出張に行きます。
ぶちょう　いっしょ　かいがいしゅっちょう　い

● 부장(님)

부장님과 함께 해외 출장을
갑니다.

社長
しゃちょう

社長は社員たちと仲がいいです。
しゃちょう　しゃいん　なか

● 사장(님)

사장님은 사원들과 사이가
좋습니다.

➕ 플러스 어휘 🐶

職員 직원	部下 부하	主任 주임
しょくいん	ぶか	しゅにん

営業部
えいぎょうぶ

営業部の田中さんに書類を渡しました。
えいぎょうぶ　たなか　　　　しょるい　わた

● 영업부

영업부 다나카 씨에게
서류를 넘겼습니다.

人事部
じんじぶ

会社に入ったら人事部で働きたいです。
かいしゃ　はい　　　　じんじぶ　はたら

● 인사부

회사에 들어가면 인사부에서
일하고 싶습니다.

移る
うつ

森さんは人事部から営業部に移りました。
もり　　　　じんじぶ　　えいぎょうぶ　うつ

● 옮기다

모리 씨는 인사부에서
영업부로 옮겼습니다.

業務
ぎょうむ

本日の業務は終了しました。
ほんじつ　ぎょうむ　しゅうりょう

● 업무

오늘 업무는 종료되었습니다.

管理
かんり

商品の生産を管理しています。
しょうひん　せいさん　かんり

● 관리

상품 생산을 관리하고
있습니다.

費用
ひよう

新しいビジネスに必要な費用を計算する。
あたら　　　　　　　　　ひつよう　ひよう　けいさん

● 비용

새로운 비즈니스에 필요한
비용을 계산한다.

予算
よさん

会社の予算について話し合いました。
かいしゃ　よさん　　　　　はな　あ

● 예산

회사 예산에 대해
논의했습니다.

担当
たんとう

私が海外支社を担当することになりました。
わたし　かいがいししゃ　たんとう

● 담당

제가 해외 지사를 담당하게
되었습니다.

メール

明日までに会社にメールを送らなければなりません。
あした　　　　かいしゃ　　　　　　　おく

● 메일

내일까지 회사에 메일을
보내야 합니다.

資料
し　りょう

彼は会議の資料を準備しています。
かれ　かいぎ　しりょう　じゅんび

● 자료

그는 회의 자료를 준비하고
있습니다.

書類
しょ　るい

部長がその書類にサインをしました。
ぶちょう　　　　しょるい

● 서류

부장님이 그 서류에 사인을
했습니다.

コピー

企画書をコピーして上司に渡しました。
き　かくしょ　　　　　　　じょうし　わた

● 복사

기획서를 복사해서 상사에게
건넸습니다.

頼む
たの

部下に新しい仕事を頼みました。
ぶか　あたら　しごと　たの

● 부탁하다

부하 직원에게 새로운 일을
부탁했습니다.

手伝う
て　つだ

本棚の整理を手伝ってもらえませんか。
ほんだな　せいり　てつだ

● 돕다

책장 정리를 도와주실 수
없나요?

役に立つ・役立つ
学校で勉強したことが役に立っています。

● 도움이 되다
학교에서 공부했던 게 도움이
되고 있습니다.

まとめる
プレゼンの資料をファイルにまとめました。

● 정리하다
프레젠테이션 자료를 파일로
정리했습니다.

伝える
同僚に現場の状況を伝えました。

● 전달하다, 전하다
동료에게 현장 상황을
전달하였습니다.

報告
金曜日までにアンケートの結果を報告します。

● 보고
금요일까지 설문 조사 결과를
보고하겠습니다.

確認
出張の日程をメールで確認しました。

● 확인
출장 일정을 메일로
확인했습니다.

機会
新商品を発表する機会を待っています。

● 기회
신상품을 발표할 기회를
기다리고 있습니다.

出張
課長は出張に行っているので会社にはいません。

● 출장
과장님은 출장 가 있어서
회사에는 없습니다.

101

会議
かいぎ
もうすぐ**会議**が始まります。

🔘 회의
이제 곧 회의가 시작됩니다.

打ち合わせ
うあ
明日の業務について**打ち合わせ**をします。

🔘 협의, 미리 상의함
내일 업무에 대해서 미리 상의하겠습니다.

出席
しゅっせき
明日の会議には必ず**出席**してください。

🔘 참석
내일 회의에는 반드시 참석해 주세요.

意見
いけん
上司と**意見**が合いませんでした。

🔘 의견
상사와 의견이 맞지 않았습니다.

賛成
さんせい
社員は社長の意見に**賛成**しました。

🔘 찬성
사원은 사장 의견에 찬성했습니다.

反対
はんたい
私は取引先の提案に**反対**しました。

🔘 반대
나는 거래처의 제안을 반대했습니다.

+ 플러스 어휘

チャンス 찬스, 기회

話し合い 협의, 논의

プレゼン 프레젠테이션

プレゼンテーション 프레젠테이션

残業
<ruby>残<rt>ざん</rt></ruby><ruby>業<rt>ぎょう</rt></ruby>

<ruby>新<rt>あたら</rt></ruby>しいプロジェクトが<ruby>始<rt>はじ</rt></ruby>まったので、
<ruby>残<rt>ざん</rt></ruby><ruby>業<rt>ぎょう</rt></ruby>が<ruby>多<rt>おお</rt></ruby>いです。

● 잔업, 야근

새로운 프로젝트를
시작했기 때문에
잔업이 많습니다.

機械
<ruby>機<rt>き</rt></ruby><ruby>械<rt>かい</rt></ruby>

<ruby>機<rt>き</rt></ruby><ruby>械<rt>かい</rt></ruby>が<ruby>大<rt>おお</rt></ruby>きな<ruby>音<rt>おと</rt></ruby>を<ruby>立<rt>た</rt></ruby>てて<ruby>動<rt>うご</rt></ruby>いています。

● 기계

기계가 큰 소리를 내며
움직이고 있습니다.

忙しい
<ruby>忙<rt>いそが</rt></ruby>しい

ひまよりも<ruby>忙<rt>いそが</rt></ruby>しい<ruby>方<rt>ほう</rt></ruby>がいいです。

● 바쁘다

한가한 것보다는 바쁜 편이
좋습니다.

ひまだ

<ruby>明日<rt>あした</rt></ruby>の<ruby>午前中<rt>ごぜんちゅう</rt></ruby>はひまです。

● 한가롭다, 한가하다

내일 오전 중에는
한가합니다.

急ぐ
<ruby>急<rt>いそ</rt></ruby>ぐ

<ruby>電話<rt>でんわ</rt></ruby>が<ruby>来<rt>き</rt></ruby>たので、<ruby>急<rt>いそ</rt></ruby>いで<ruby>本社<rt>ほんしゃ</rt></ruby>に<ruby>戻<rt>もど</rt></ruby>りました。

● 서두르다

전화가 왔기 때문에 서둘러서
본사에 돌아갔습니다.

都合
<ruby>都<rt>つ</rt></ruby><ruby>合<rt>ごう</rt></ruby>

あなたの<ruby>都<rt>つ</rt></ruby><ruby>合<rt>ごう</rt></ruby>がいい<ruby>時<rt>とき</rt></ruby>に<ruby>連絡<rt>れんらく</rt></ruby>をください。

● 형편, 사정, 상황

당신 상황이 좋을 때 연락을
주세요.

場合
<ruby>場<rt>ば</rt></ruby><ruby>合<rt>あい</rt></ruby>

<ruby>体調<rt>たいちょう</rt></ruby>が<ruby>悪<rt>わる</rt></ruby>い<ruby>場合<rt>ばあい</rt></ruby>は<ruby>会社<rt>かいしゃ</rt></ruby>を<ruby>休<rt>やす</rt></ruby>みます。

● 경우

몸이 안 좋을 경우에는
회사를 쉽니다.

用事
ようじ

あともう少しで用事が終わります。
すこ ようじ お

● (개인적인) 일

앞으로 조금만 더 있으면
일이 끝납니다.

飲み会
の かい

今夜は会社の飲み会があります。
こんや かいしゃ の かい

● 회식, 술자리

오늘 밤은 회사 회식이
있어요.

酔っ払う
よ ぱら

社長はすぐに酔っ払います。
しゃちょう よ ぱら

● 취하다

사장님은 금방 취합니다.

忘年会
ぼう ねん かい

忘年会に出席する人は手をあげてください。
ぼうねんかい しゅっせき ひと て

● 송년회

송년회에 참석할 사람은 손을
들어 주세요.

世話になる
せ わ

あの時は大変お世話になりました。
とき たいへん せ わ

● 신세를 지다

그때는 정말로 신세 많이
졌습니다.

おかげさまで

おかげさまで、仕事は順調です。
しごと じゅんちょう

● 덕분에

덕분에 일은 순조롭게
진행되고 있습니다.

エスエヌエス
소셜 네트워크 서비스(SNS)

チャンネル登録
채널 구독

アプリ 앱

動画 동영상

スマホ 스마트폰

サムネ 섬네일

UNIT

08 IT생활

ほしい

新しく出た_{あたら}タブレットが**ほしい**です。

● 원하다, 갖고 싶다

새로 나온 태블릿PC를 갖고
싶어요.

携帯

けい たい

携帯_{けいたい}の充電_{じゅうでん}がなくなりそうです。

● 휴대 전화

휴대 전화 배터리가 곧
방전될 것 같아요.

スマホ

ネットでかわいい**スマホ**ケースを買_かいました。

● 스마트폰

인터넷에서 예쁜 스마트폰
케이스를 샀습니다.

コンピューター

コンピューターの電源_{でんげん}を消_けしました。

● 컴퓨터

컴퓨터 전원을 껐습니다.

ノートパソコン

ノートパソコンで
オンライン授業_{じゅぎょう}を聞_きく。

● 노트북

노트북으로 온라인 수업을
듣는다.

タブレット

タブレットを使_{つか}ったデジタル教育_{きょういく}が増_ふえている。

● 태블릿PC

태블릿PC를 사용한 디지털
교육이 늘고 있다.

ロボット

人_{ひと}を助_{たす}ける**ロボット**を開発_{かいはつ}しています。

● 로봇

사람을 돕는 로봇을 개발하고
있습니다.

技術
あの工場の**技術**は世界一です。

● 기술

저 공장의 기술은 세계 제일입니다.

使う
5歳の子どもがスマートフォンを**使って**います。

● 사용하다, 쓰다

다섯 살짜리 아이가 스마트폰을 쓰고 있습니다.

利用
会社ではだれでもインターネットを**利用**できます。

● 이용, 사용

회사에서는 누구든지 인터넷을 사용할 수 있습니다.

インターネット
ワイファイがないので、**インターネット**に接続できません。

● 인터넷

와이파이가 없어서 인터넷에 접속할 수 없습니다.

Wi-Fi（ワイファイ）
Wi-Fi（ワイファイ）のパスワードは何ですか。

● 와이파이

와이파이 비밀번호는 뭐예요?

オンライン
今日は大事な**オンライン**会議がある。

● 온라인

오늘은 중요한 온라인 회의가 있다.

パソコン 퍼스널 컴퓨터

キーボード 키보드

マウス 마우스

モニター 모니터

SIM（シム）カード 심카드, 유심

絵文字 이모티콘

アプリ

新しい**アプリ**をダウンロードした。

● 앱, 애플리케이션

새 애플리케이션을
다운받았다.

Bluetooth（ブルートゥース）

テレビとスマホを**Bluetooth（ブルートゥース）**で繋げます。

● 블루투스

텔레비전과 스마트폰을
블루투스로 연결합니다.

料金

スマホの**料金**プランを選んでください。

● 요금

스마트폰 요금제를 골라
주세요.

メタバース

メタバースで開催されたイベントに参加しました。

● 메타버스

메타버스로 개최된 이벤트에
참가했습니다.

マスコミ

マスコミが事件について調べています。

● 매스컴, 언론

언론이 사건에 대해 조사하고
있습니다.

放送

夜11時からドラマの**放送**が始まります。

● 방송

밤 열한 시부터
드라마 방송이
시작됩니다.

番組

番組のチャンネルを変えてもいいですか。

● (텔레비전) 프로그램

프로그램 채널을 돌려도
되겠습니까?

108

新聞
しん ぶん

父は朝ご飯の前に必ず**新聞**を読む。
ちち あさ はん まえ かなら しんぶん よ

● 신문

아빠는 아침 식사 전에 꼭
신문을 읽는다.

ニュース

日本語で**ニュース**を聞く練習をしています。
に ほん ご き れんしゅう

● 뉴스

일본어로 뉴스를 듣는 연습을
하고 있습니다.

情報
じょう ほう

メディアはたくさんの人に**情報**を伝えます。
ひと じょうほう つた

● 정보

미디어는 많은 사람에게
정보를 전달합니다.

広告
こう こく

広告のキャッチコピーを考えています。
こうこく かんが

● 광고

광고의 선전 문구를 생각하고
있습니다.

インタビュー

街でテレビの**インタビュー**を受けました。
まち う

● 인터뷰

길거리에서 TV 인터뷰를
했습니다.

ＳＮＳ（エスエヌエス）

ＳＮＳを使って会社の売り上げを伸ばす。

● 소셜 네트워크
서비스(SNS)

SNS를 사용해 회사 매출을
늘린다.

ブログ

私が描いたイラストを**ブログ**にアップしています。

● 블로그

내가 그린 일러스트를
블로그에 올리고 있습니다.

ラインする

家に着いたら**ライン**してね。

● 라인하다(카톡하다)

집에 도착하면 라인해.

ショートメール

マナーモードにしていたので、**ショートメール**に気づ
きませんでした。

● (휴대 전화) 문자

무음으로 해놓아서
문자 온 줄 몰랐습니다.

ユーチューブ

高校生が**ユーチューブ**でウェブドラマを見ている。

● 유튜브

고등학생이 유튜브로
웹드라마를 보고 있다.

動画

ユーチューバーが新しい**動画**を投稿しました。

● 동영상

유튜버가 새로운 동영상을
올렸습니다.

ホームページ

会社の住所は**ホームページ**に載っています。

● 홈페이지

회사 주소는 홈페이지에 나와
있습니다.

サーバー

アクセスが集中して**サーバー**がダウンしました。

● 서버

접속이 몰리면서 서버가
멈췄습니다.

データ

データをバックアップするのに時間がかかる。

● 데이터, 자료

데이터를 백업하는 데 시간이
걸린다.

ダウンロード

申請書をホームページから**ダウンロード**してください。

● 다운로드

신청서는 홈페이지에서
다운로드 해 주세요.

フォルダー

写真**フォルダー**を友だちと共有します。

● 폴더

사진 폴더를 친구와
공유합니다.

➕ 플러스 어휘

サイト 사이트	**メタ** 메타
インスタグラム 인스타그램	**フェイスブック** 페이스북
ツイッター 트위터	**投稿する** 투고하다, 업로드하다, 올리다
アップする 업로드하다, 올리다	**ストリーミング** 스트리밍
ディズニープラス 디즈니 플러스	**ネットフリックス** 넷플릭스
ウェブドラマ 웹드라마	**マナーモード** 매너 모드, 무음 모드
チャンネル登録 채널 구독	**サムネ** 섬네일

ウイルス

パソコンが**ウイルス**に感染_{かんせん}しました。

● 바이러스

컴퓨터가 바이러스에
감염되었습니다.

壊_{こわ}れる

Wi-Fiルーターが**壊_{こわ}れた**ので修理_{しゅうり}に出_だしました。

● 고장나다, 부서지다,
망가지다

와이파이 공유기(라우터)가
고장나서 수리를 맡겼습니다.

壊_{こわ}す

タブレットを落_おとして**壊_{こわ}しました**。

● 고장내다, 부수다,
망가뜨리다

태블릿PC를 떨어뜨려서
망가뜨렸습니다.

UNIT

09
취미와 특기

<ruby>音楽鑑賞<rt>おん がく かん しょう</rt></ruby> 음악 감상

<ruby>趣味<rt>しゅ み</rt></ruby> 취미

<ruby>歌<rt>うた</rt></ruby> 노래

キャンプ 캠핑

バーベキュー
바비큐

趣味
しゅ み

私の趣味はゲームです。
わたし　しゅ み

⬤ 취미

내 취미는 게임입니다.

興味
きょう み

最近流行りのキャンプに興味があります。
さいきん　はや　　　　　　　　　　きょうみ

⬤ 흥미, 관심

최근 유행하는 캠핑에 관심이
있습니다.

本
ほん

経済学の本は少し難しかったです。
けいざいがく　ほん　すこ　むずか

⬤ 책

경제학 책은 좀 어려웠어요.

読む
よ

私は雑誌やマンガを読むのが好きです。
わたし　ざっ し　　　　　　　よ　　　　す

⬤ 읽다

나는 잡지나 만화 읽는 것을
좋아합니다.

小説
しょう せつ

小説のタイトルはまだ決まっていません。
しょうせつ　　　　　　　　　　き

⬤ 소설

소설 제목은 아직 정해지지
않았습니다.

雑誌
ざっ し

雑誌でおもしろい記事を見つけました。
ざっし　　　　　　　　きじ　み

⬤ 잡지

잡지에서 재미있는 기사를
발견했습니다.

マンガ

姉は4コママンガを描く仕事をしています。
あね　　　　　　　　　　か　しごと

⬤ 만화

언니는 4컷 만화를 그리는
일을 하고 있습니다.

114

描^かく

彼女^{かのじょ}に似顔絵^{にがおえ}を描^かいてプレゼントしました。

● 그리다

그녀에게 초상화를 그려
선물을 했습니다.

アニメ

好^すきな**アニメ**は何^{なん}ですか。

● 애니메이션

어떤 애니메이션을
좋아합니까?

映画^{えいが}

この**映画**^{えいが}は何度^{なんど}見^みても飽^あきません。

● 영화

이 영화는 몇 번을 봐도
질리지 않습니다.

鑑賞^{かんしょう}

昔^{むかし}の日本映画^{にほんえいが}を鑑賞^{かんしょう}しました。

● 감상

옛날 일본 영화를
감상했습니다.

見^みる・観^みる

今日^{きょう}は一日中^{いちにちじゅう}ユーチューブを見^みていました。

● 보다

오늘은 온종일 유튜브를
보고 있었습니다.

＋ 플러스 어휘

09-03.mp3

読書^{どくしょ} 독서
作品^{さくひん} 작품
博物館^{はくぶつかん} 박물관
バラエティ番組^{ばんぐみ} 예능 프로그램
テーマパーク 테마파크, 놀이동산

エッセイ 에세이, 수필
絵^え 그림
ドキュメンタリー 다큐멘터리
はまる 열중하다, 빠지다
アトラクション 놀이기구

芸術^{げいじゅつ} 예술
展示会^{てんじかい} 전시회
ドラマ 드라마

歌
うた

彼女の**歌**はみんなを幸せにする。
かのじょ　うた　　　　　　　　しあわ

● 노래

그녀의 노래는 모두를
행복하게 한다.

カラオケ

カラオケで好きなアイドルの歌を歌った。
　　　　　す　　　　　　　うた　うた

● 노래방

노래방에서 좋아하는 아이돌
노래를 불렀다.

楽器
がっき

私は1人で**楽器**を演奏しました。
わたし　ひとり　がっき　えんそう

● 악기

나는 혼자서 악기를
연주했습니다.

弾く
ひ

彼女はギターをとても上手に**弾きます**。
かのじょ　　　　　　　　じょうず　ひ

● (피아노, 기타 등을)
치다, 연주하다

그녀는 기타를 아주 잘
칩니다.

聞く
き

毎朝、クラシック音楽を**聞いて**います。
まいあさ　　　　　おんがく　き

● 듣다

매일 아침 클래식 음악을
듣고 있습니다.

플러스 어휘

ギター 기타	ピアノ 피아노	バイオリン 바이올린
コンサート 콘서트	演奏会 연주회 えんそうかい	公演 공연 こうえん
ショー 쇼, 공연	アイドル 아이돌	バンド 밴드
クラシック 클래식	ジャズ 재즈	ロック 록

踊る
きょく あ　　　　　　　いっしょ おど
曲に合わせてみんなで一緒に**踊りました**。

● 춤추다

곡에 맞춰 모두 함께 춤을
추었습니다.

写真
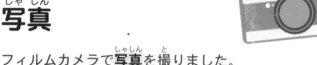

フィルムカメラで**写真**を撮りました。

● 사진

필름 카메라로 사진을
찍었습니다.

撮る
とも　　 と　　　 どう が　　 へんしゅう
友だちと**撮った**動画を編集する。

● (사진, 동영상 등을)
찍다

친구와 찍은 동영상을
편집한다.

ゲーム
しゅくだい
ぼくは宿題をしてから**ゲーム**をする。

● 게임

나는 숙제를 하고 나서
게임을 한다.

集める
おとうと ちい　 ころ　　　　　　　　　 あつ
弟 は小さい頃からミニカーを**集めて**いる。

● 모으다

남동생은 어렸을 때부터
미니카를 모으고 있다.

作る
　　　　　　　　　　　　　　　　 つか　　　　　　　　　 つく
マスキングテープを使ってアルバムを**作ります**。

● 만들다

마스킹 테이프를 사용해
앨범을 만듭니다.

➕ 플러스 어휘

09-07.mp3

ダンス 댄스, 춤

カメラ 카메라

しゅうしゅう
収集 수집

フィギュア 피규어

にんぎょう
人形 인형

散歩 (さんぽ)

時間（じかん）がある時（とき）は、散歩（さんぽ）をします。

● 산책

시간이 있을 때는 산책을 합니다.

歩く (あるく)

天気（てんき）がいいので、ゆっくり歩（ある）いていきましょう。

● 걷다

· 날씨가 좋으니까 천천히 걸어갑시다.

ドライブ

気分転換（きぶんてんかん）に海（うみ）までドライブしました。

● 드라이브

기분 전환으로 바다까지 드라이브를 했습니다.

キャンプ

最近（さいきん）は1人（ひとり）でキャンプを楽（たの）しむ人（ひと）が増（ふ）えている。

● 캠프, 캠핑

요즘은 혼자서 캠핑을 즐기는 사람들이 늘고 있다.

バーベキュー

友（とも）だちと海（うみ）でバーベキューをしました。

● 바비큐

친구와 바다에서 바비큐를 했습니다.

釣り (つり)

父（ちち）は朝早（あさはや）くから釣（つ）りに行（い）きました。

● 낚시

아빠는 아침 일찍부터 낚시하러 갔습니다.

 플러스 어휘

ソロキャンプ 혼자 캠핑하는 것	キャンパー 캠퍼	シーサイドロード 해안 도로
ドライブコース 드라이브 코스	海釣（うみづ）り 바다 낚시	川釣（かわづ）り 강 낚시

ガーデニング

ホームセンターに**ガーデニング**用品を買いに行きます。

よう ひん　か　　　い

● 가드닝

홈센터에 가드닝 용품을 사러 갑니다.

運動

うん どう

週に一回、ジムで**運動**をします。

しゅう　いっ かい　　　　　　　　うんどう

● 운동

주 1회 체육관에서 운동을 합니다.

泳ぐ

およ

明日は海に行って**泳ぎません**か。

あした　うみ　い　　　　　　およ

● 수영하다, 헤엄치다

내일은 바다에 가서 수영하지 않을래요?

水泳

すい えい

５歳の時に**水泳**を習い始めました。

ご さい　　とき　すいえい　なら　はじ

● 수영

다섯 살 때 수영을 배우기 시작했습니다.

サーフィン

夏は**サーフィン**、冬はスノボをします。

なつ　　　　　　　　　　　ふゆ

● 서핑

여름에는 서핑, 겨울에는 스노보드를 탑니다.

 플러스 어휘

ジム 체육관, 헬스장　　　　　**ダイビング** 다이빙

スキー

おしゃれなスキーウェアを着て**スキー**をしました。

● スキ
세련된 스키복을 입고 스키를
탔습니다.

サイクリング

夏休みに友だちと**サイクリング**をしました。

● 사이클링
여름 방학에 친구와
사이클링을 했습니다.

マラソン

毎年**マラソン**大会に参加しています。

● 마라톤
매년 마라톤 대회에 참가하고
있습니다.

走る

子どもは**走る**ことが大好きだ。

● 달리다, 뛰다
아이는 뛰는 것을 무척
좋아한다.

練習

私は毎週バレーボールの**練習**をしています。

● 연습
나는 매주 배구 연습을 하고
있습니다.

+ 플러스 어휘

スノーボード 스노보드	スノボ 스노보드
ジョギング 조깅	ランニング 러닝, 달리기
オリンピック 올림픽	ワールドカップ 월드컵
中継 중계	

ゴルフ

ゴルフの打ちっぱなしでスイングの練習をしました。

● 골프

골프 실내 연습장에서 스윙
연습을 했습니다.

回る

会社の上司とゴルフコースを回りました。

● 돌다

회사 상사와 골프 코스를
돌았습니다.

山登り

山登りをすると気分がよくなります。

● 등산

등산을 하면 기분이
좋아집니다.

登る

山に登ると景色がきれいでした。

● 오르다

산에 오르니 경치가
예뻤습니다.

スポーツ

スポーツの中でも野球が一番好きです。

● 스포츠

스포츠 중에서도 야구를 가장
좋아합니다.

サッカー

テレビでサッカーの試合中継を見ています。

● 축구

TV로 축구 시합 중계를 보고
있습니다.

 플러스 어휘

09-15.mp3

バレーボール 배구　　　　　　バスケットボール 농구

野球
やきゅう

この公園で**野球**をしてはいけません。
こうえん　やきゅう

○ 야구

이 공원에서 야구를 하면
안 됩니다.

テニス

テニスコートに落ちているボールを拾ってください。
お　　　　　　　ひろ

○ 테니스

테니스 코트에 떨어져 있는
공을 주워 주세요.

投げる
な

その選手は速いボールを**投げます**。
せんしゅ　はや　　　　　　な

○ 던지다

그 선수는 빠른 볼을
던집니다.

打つ
う

バットでボールを強く**打ちました**。
つよ　う

○ 치다, 때리다

배트로 볼을 세게 쳤습니다.

試合
しあい

ファンはその**試合**を楽しみにしています。
しあい　たの

○ 시합

팬들은 그 시합을 기대하고
있습니다.

観覧
かんらん

観覧席に座って試合を見ました。
かんらんせき　すわ　　しあい　み

○ 관람

관람석에 앉아 시합을
봤습니다.

応援
おうえん

みんなでその**野球**チームを**応援**しました。
やきゅう　　　　おうえん

○ 응원

모두 함께 그 야구팀을
응원했습니다.

スタート

テニス大会は午後2時から**スタート**します。

● 시작

테니스 대회는 오후 두
시부터 시작합니다.

勝つ

応援していたサッカーチームが**勝ちました**。

● 이기다

응원하고 있던 축구팀이
이겼습니다.

優勝

ゴルフの大会で**優勝**しました。

● 우승

골프 대회에서 우승했습니다.

負ける

私はあの選手が**負ける**と思います。

● 지다

나는 저 선수가 질 것
같습니다.

続く

野球の試合は夜まで**続きました**。

● 계속되다

야구 시합은 밤까지
계속되었습니다.

続ける

強くなるために毎日練習を**続け**ています。

● 계속하다

강해지기 위해서 매일 연습을
계속하고 있습니다.

すごい

あの山を短時間で登るなんて**すごい**です。

● 대단하다, 굉장하다

저 산을 짧은 시간에
오르다니 대단하네요.

上手だ

兄はとても**上手に**パンを焼きます。

● 잘하다, 능숙하다

형은 빵을 매우 잘 굽습니다.

下手だ

私はダンスが**下手です**。

● 못하다, 서투르다

나는 춤을 잘 못춥니다.

得意だ

彼女はスポーツが**得意だ**。

● 잘하다, 자신 있다

그녀는 운동을 잘한다.

苦手だ

私は料理が**苦手です**。

● 못하다, 자신 없다

나는 요리에 자신이
없습니다.

できる

これはだれでも簡単に**できる**料理のレシピです。

● 할 수 있다

이것은 누구라도 쉽게 할 수
있는 요리 레시피입니다.

10 요리와 맛

料理 요리
りょう り

なべ 냄비

パン 빵

にんじん 당근

塩 소금
しお

クッキー 쿠키

じゃがいも 감자

たまねぎ 양파

料理
りょう り

こんな**料理**は今まで食べたことがありません。
りょう り　いま　　 た

● 요리, 음식

이런 요리는 지금껏 먹어 본 적이 없습니다.

韓国料理
かん こく りょう り

新大久保には**韓国料理**店がたくさんあります。
しんおおく ぼ　　　　 かんこくりょう り てん

● 한국 요리, 한식

신오쿠보에는 한국음식점이 많이 있습니다.

和食
わ しょく

和食は日本の伝統的な食文化です。
わ しょく　 に ほん　でんとうてき　しょくぶん か

● 일본 요리, 일식

일식은 일본의 전통적인 식문화입니다.

洋食
よう しょく

今日は**洋食**が食べたい気分です。
きょう　 ようしょく　 た　　　 き ぶん

● 양식

오늘은 양식을 먹고 싶은 기분입니다.

中華料理
ちゅう か りょう り

横浜の中華街で**中華料理**を食べました。
よこはま　ちゅう か がい　ちゅう か りょう り　 た

● 중국요리, 중식

요코하마 차이나타운에서 중국요리를 먹었습니다.

食堂
しょく どう

食堂は午後10時まで営業しています。
しょくどう　 ご ご じゅう じ　　　 えいぎょう

● 식당

식당은 오후 열 시까지 영업하고 있습니다.

牛丼屋
ぎゅう どん や

この**牛丼屋**は人気なので、予約が必須です。
ぎゅうどん や　 にん き　　　　　 よ やく　 ひっ す

● 소고기덮밥집

이 소고기덮밥집은 인기가 있어서 예약이 필수입니다.

126

寿司屋

寿司屋で巻き寿司を作ってもらいました。

● 초밥집

초밥집에서 김초밥을 만들어
주었습니다.

そば屋

そば屋でざるそばと天ぷらを頼みました。

● 메밀국수집, 국수집

메밀국수집에서 판
메밀국수와 튀김을
주문했습니다.

居酒屋

今度、居酒屋で飲み会をしようよ。

● 이자카야, 일본식 술집

다음에 일본식 술집에서
회식을 하자.

パン屋

パン屋からいいにおいがする。

● 빵집, 베이커리

빵집에서 좋은 냄새가 난다.

カフェ

カフェでコーヒーとケーキを頼みました。

● 카페

카페에서 커피와 케이크를
주문했습니다.

喫茶店

駅の近くの喫茶店で待っています。

● 커피숍, 찻집

역 근처 커피숍에서 기다리고
있습니다.

グルメ

ここはグルメの間では有名なレストランです。

● 미식가, (맛있는) 요리

여기는 미식가들 사이에서는
유명한 레스토랑입니다.

注文する
ちゅうもん

彼はいつも同じメニューを**注文します**。
かれ　　　　おな　　　　　　　　　　　ちゅうもん

● 주문하다

그 사람은 항상 같은 메뉴를
주문합니다.

おすすめ

店長に本日の**おすすめ**料理を聞きました。
てんちょう　ほんじつ　　　　　　　りょうり　き

● 추천

점장에게 오늘의 추천 요리를
물었습니다.

テイクアウト

ご飯は**テイクアウト**して家で食べます。
はん　　　　　　　　　　　　　　いえ　た

● 테이크아웃, 포장

식사는 포장해서 집에서
먹습니다.

おごる

昼ご飯は私が**おごります**。
ひる　はん　わたし

● 한턱내다, 쏘다

점심은 내가 쏠게요.

払う
はら

今日は私が**払います**。
きょう　わたし　はら

● 지불하다, 내다

오늘은 내가 낼게요.

会計
かいけい

会計をお願いします。
かいけい　　ねが

● 계산

계산 부탁해요.

出前 음식 배달　　　　　　**お代わり** 리필, 추가　　　　　　**メニュー** 메뉴
でまえ　　　　　　　　　　　　か

おまかせ 주방장 특선 요리　　**日替わりメニュー** 매일 바뀌는 메뉴　　**キッチンカー** 푸드트럭
　　　　　　　　　　　　　　ひが

128

食べる
今日は家族で朝ご飯を食べました。

먹다

오늘은 가족과 함께 아침밥을 먹었습니다.

噛む
健康のためによく噛んで食べます。

씹다, 물다

건강을 위해서 꼭꼭 씹어 먹습니다.

残す
ご飯を残すのはよくないよ。

남기다

밥을 남기는 건 좋지 않아.

残る
皿にサラダが残っています。

남다

접시에 샐러드가 남아 있습니다.

ご飯
ぜひ今度一緒にご飯を食べに行きましょう。

밥, 식사

꼭 다음에 같이 밥을 먹으러 갑시다.

朝ご飯あさごはん 아침밥, 아침 식사 **昼ご飯**ひるごはん 점심밥, 점심 식사

夕ご飯ゆうごはん 저녁밥, 저녁 식사

一人飯
今日は一人飯なので簡単に作ります。

혼밥, 혼자 밥 먹는 것

오늘은 혼밥을 할 거라서 간단히 만들 겁니다.

食事

飲み物は**食事**と一緒にお持ちしましょうか。

식사

음료는 식사와 함께 가져다
드릴까요?

ランチ

久しぶりに友だちと**ランチ**に行きました。

런치, 점심

오랜만에 친구와 점심 먹으러
갔습니다.

食べ物

食べ物の写真をインスタグラムに載せました。

음식, 먹을거리

음식 사진을 인스타그램에
올렸습니다.

お弁当

友だちは手作りの**お弁当**を持ってきました。

도시락

친구는 직접 만든 도시락을
가져 왔습니다.

定食

定食にはサラダとお味噌汁が付いています。

정식

정식에는 샐러드와
미소 된장국이 같이
나옵니다.

おかず

おかずは大根の煮物です。

반찬

반찬은 무 조림입니다.

レトルト食品

レトルト食品を温めて食べました。

레토르트 식품, 반조리
식품

레토르트 식품을 데워서
먹었습니다.

牛丼
ぎゅうどん

あの食堂で食べた牛丼の味が忘れられません。
しょくどう た ぎゅうどん あじ わす

● 소고기덮밥, 규동

저 식당에서 먹은
규동의 맛을
잊을 수 없습니다.

刺身
さし み

魚を刺身にしたり茹でたりしました。
さかな さしみ ゆ

● 생선회, 사시미

생선을 회로 만들기도 하고
데치기도 했습니다.

すき焼き
や

今晩はすき焼きを食べましょう。
こんばん や た

● 소고기 전골, 스키야키

오늘 밤에는 스키야키를
먹읍시다.

そば

そばかうどんかで迷っています。
まよ

● 메밀국수, 소바

메밀국수를 먹을지 우동을
먹을지 망설이고 있어요.

焼き鳥
や とり

焼き鳥をお腹いっぱい食べました。
や とり なか た

● 닭꼬치

닭꼬치를 배불리 먹었습니다.

+ 플러스 어휘

10-08.mp3

お好み焼き 오코노미야키(좋아하는 재료를 넣어 구운 일본식 부침개)
この や

ミールキット 밀키트

うな重 장어 덮밥
じゅう

おでん 어묵탕

うどん 우동

カレーライス 카레라이스

サラダ 샐러드

寿司 초밥, 스시
す し

天ぷら 튀김
てん

トンカツ 돈가스

ラーメン 라면, 라멘

ファーストフード 패스트푸드

チキン 치킨

ピザ 피자

ハンバーグ

ハンバーグとハンバーガーの違いは何ですか。

● 햄버그 (스테이크)

햄버그와 햄버거의 차이는
뭔가요?

パン

この店のパンはすぐに売り切れる。

● 빵

이 가게 빵은 금방 다 팔린다.

ケーキ

大きなケーキを半分に切りました。

● 케이크

커다란 케이크를 반으로
잘랐습니다.

デザート

ランチセットにはデザートが付いています。

● 디저트

런치 세트에는 디저트가 함께
나옵니다.

においがする

パン屋からおいしそうなにおいがしました。

● 냄새가 나다

빵집에서 맛있는 냄새가
났습니다.

ハンバーガー 햄버거	サンドイッチ 샌드위치	ドーナツ 도넛
アイスクリーム 아이스크림	お菓子 과자	クッキー 쿠키
スコーン 스콘	プリン 푸딩	マカロン 마카롱
ロールケーキ 롤케이크	ワッフル 와플	ジャム 잼
パフェ 파르페	おやつ 간식	買い食い 군것질

飲む
毎日２リットルの水を飲んでいます。

● 마시다

매일 물을 2리터 마십니다.

飲み物
何か冷たい飲み物が飲みたいです。

● 음료, 마실거리

뭔가 차가운 음료를 마시고
싶어요.

水
暑い日は水をたくさん飲むようにしましょう。

● 물, 찬물

더운 날에는 물을 많이
마시도록 합시다.

冷たい
冷たいジュースはいかがですか。

● 차다, 차갑다

차가운 주스는 어떻습니까?

お湯
先にお湯を沸かします。

● 뜨거운 물

먼저 물을 끓입니다.

熱い
なべが熱いので気をつけてください。

● 뜨겁다

냄비가 뜨거우니 조심하세요.

コーヒー
コーヒーはお代わりできます。

● 커피

커피는 리필 가능합니다.

お^{ちゃ}茶

お^{きゃく}客さんにお^{ちゃ}茶をいれます。

● 차, 녹차

손님에게 차를 끓여
내놓습니다.

牛乳^{ぎゅうにゅう}

牛乳^{ぎゅうにゅう}を飲^のんでパンも食^たべます。

● 우유

우유를 마시고 빵도
먹습니다.

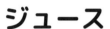

ジュース

冷蔵庫^{れいぞうこ}でジュースを冷^ひやす。

● 주스

냉장고에 넣어 주스를 차게
한다.

お^{さけ}酒

今度^{こんど}一緒^{いっしょ}にお^{さけ}酒を飲^のみに行^いきましょう。

● 술

다음에 함께 술 한잔 마시러
갑시다.

日本酒^{にほんしゅ}

この店^{みせ}は日本酒^{にほんしゅ}の品揃^{しなぞろ}えがいいです。

● 일본 술, 정종

이 가게는 여러 가지
일본 술을 골고루 갖추고
있습니다.

+ 플러스 어휘

アイス 차가운, 아이스 (음료)	ホット 뜨거운 (음료)	
ウーロン茶^{ちゃ} 우롱차	紅茶^{こうちゃ} 홍차	コーラ 콜라
ヨーグルト 요구르트	オレンジジュース 오렌지 주스	

ビール

今日は、花見をしながらビールを飲みました。

맥주

오늘은 꽃구경을 하면서
맥주를 마셨습니다.

ワイン

ワインの種類が多すぎて選べません。

와인

와인 종류가 너무 많아서
고를 수가 없습니다.

家飲み

最近は家飲みする人が増えている。

홈술, 집에서 마시는 술

최근에는 집에서 술 마시는
사람이 늘고 있다.

一人飲み

今晩は自宅で一人飲みするつもりです。

혼술, 혼자 술 마시는 것

오늘 밤은 집에서 혼술을
할 생각입니다.

酔う

私はお酒に弱いので、すぐに酔います。

취하다

나는 술이 약해서 금방
취합니다.

플러스 어휘

生ビール 생맥주

地ビール 지역 특산 맥주

水割り 물 탄 술

ウイスキー 위스키

ハイボール 하이볼

梅酒 매실주

赤ワイン 레드 와인

白ワイン 화이트 와인

味
あじ

料理は見た目よりも**味**が重要です。
りょうり み め あじ じゅうよう

● 맛

요리는 모양새보다도 맛이
중요합니다.

おいしい

ホテルの朝食は**おいしかった**です。
ちょうしょく

● 맛있다

호텔 조식은 맛있었습니다.

うまい

冬に食べるなべはすごく**うまい**。
ふゆ た

● 맛있다

겨울에 먹는 냄비 요리는
무척 맛있다.

口に合う
くち あ

今日の料理は**お口に合いました**か。
きょう りょうり くち あ

● 입에 맞다

오늘 요리는 입에
맞으셨나요?

まずい

こんなに**まずい**料理は食べたことがない。
りょうり た

● 맛없다

이렇게 맛없는 음식은 먹어
본 적이 없다.

甘い
あま

ケーキが**甘**すぎて食べられません。
あま た

● 달다

케이크가 너무 달아서 못
먹겠습니다.

しょっぱい

ソースが**しょっぱい**ので水で薄めました。
みず うす

● 짜다

소스가 짜서 물로 묽게
했습니다.

辛い
からい

韓国のラーメンは辛いです。
かんこく　　　　　　　　　　から

● 맵다, 짜다

한국 라면은 맵습니다.

すっぱい

梅干しはすごくすっぱかったです。
うめ ほ

● 시다

매실 장아찌는 무척
시었습니다.

にがい

この野菜は生で食べるとにがいです。
や さい　 なま　 た

● 쓰다

이 채소는 생으로 먹으면
씁니다.

濃い
こい

薄い味よりも濃い味の方が好きです。
うす あじ　　　 こ あじ ほう　 す

● 짙다, 농후하다

순한 맛보다도 진한 맛을
좋아합니다.

柔らかい
やわ

このお肉は柔らかくてとてもおいしいですね。
にく　　 やわ

● 부드럽다

이 고기는 부드럽고 참
맛있네요.

かたい

このパンはかたくて食べられません。
た

● 딱딱하다, 질기다

이 빵은 딱딱해서 못
먹습니다.

レシピ

私はレシピ本を見て料理を作っています。
わたし　　　　　 ぼん み りょうり　 つく

● 레시피, 요리법

나는 레시피 책을 보고
요리를 만들고 있습니다.

材料
料理に必要な材料を探しています。

재료

요리에 필요한 재료를
찾고 있습니다.

十分だ
醤油と砂糖はこれだけあれば十分です。

충분하다

간장과 설탕은 이 정도
있으면 충분합니다.

ソース
ソースや塩で味付けをしました。

소스

소스와 소금으로 간을
맞췄습니다.

かける
オムライスにケチャップをかけました。

뿌리다, 끼얹다

오므라이스에 케첩을
뿌렸습니다.

砂糖
この料理には砂糖をたくさん入れる。

설탕

이 요리에는 설탕을 많이
넣는다.

醤油
醤油をスプーン1杯入れてください。

간장

간장을 한 스푼 넣어 주세요.

塩
サラダに塩をかけて食べます。

소금

샐러드에 소금을 뿌려서
먹습니다.

138

す

<small>れいめん</small> <small>い</small>
冷麺に**す**を入れるとおいしいです。

○ (식)초

냉면에 식초를 넣으면
맛있습니다.

<small>から し</small>
辛子

<small>からし</small> <small>から</small>
辛子がけっこう辛かったです。

○ 겨자

겨자가 많이 매웠습니다.

わさび

<small>こ</small> <small>すし</small> <small>はい</small>
子どものお寿司には**わさび**が入っていません。

○ 고추냉이, 와사비

아이들이 먹는 초밥에는
와사비가 들어 있지
않습니다.

<small>み そ</small>
味噌

<small>み そ</small> <small>つか</small> <small>おし</small>
味噌を使ったレシピを教えてください。

○ 일본식 된장, 미소 된장

일본식 된장을 사용한
레시피를 가르쳐 주세요.

<small>しち み</small>
七味

<small>しちみ</small> <small>いちみ</small> <small>とき</small> <small>つか</small>
七味と一味、どんな時どちらを使いますか。

○ 시치미(고춧가루를 중심
으로 일곱 가지의 향신료
가 섞인 혼합 조미료)

시치미와 이치미(고춧가루),
어떨 때 어떤 것을 사용하나요?

マヨネーズ

<small>はは</small> <small>て づく</small>
この**マヨネーズ**は母の手作りです。

○ 마요네즈

이 마요네즈는 엄마가 손수
만든 것입니다.

 플러스 어휘

バター 버터　　ケチャップ 케첩

<small>て や</small>
照り焼きソース 데리야키 소스

油 (あぶら)

天ぷらを揚げる時は油をたっぷり使います。
(てん あ とき あぶら つか)

● 기름, 식용유

튀김을 튀길 때는 기름을 듬뿍 사용합니다.

魚 (さかな)

この魚は骨が少ないです。
(さかな ほね すく)

● 물고기, 생선

이 생선은 가시가 적습니다.

さけ

秋はさけがおいしい季節だ。
(あき き せつ)

● 연어

가을은 연어가 맛있는 계절이다.

うなぎ

うなぎを食べると元気になります。
(た げん き)

● 민물장어, 뱀장어

장어를 먹으면 기운이 납니다.

まぐろ

まぐろのお寿司が一番好きです。
(す し いちばん す)

● 참치

참치 초밥을 가장 좋아합니다.

貝 (かい)

このシチューには貝が入っています。
(かい はい)

● 조개

이 스튜에는 조개가 들어가 있습니다.

＋플러스 어휘

アナゴ 바닷장어	あじ 전갱이	タイ 도미
さば 고등어	さんま 꽁치	にしん 청어
ぶり 방어	はまち 새끼 방어	はまぐり 대합, 백합
えび 새우	たこ 문어	いか 오징어

肉
きのう　　にく
昨日は肉をいっぱい食べました。

● 고기

어제는 고기를 많이
먹었습니다.

牛肉
とりにく　か　　　ぎゅうにく　つか
鶏肉の代わりに牛肉を使いました。

● 소고기, 쇠고기

닭고기 대신에 소고기를
사용했습니다.

豚肉
きょう　　ぶたにく　やす
今日は豚肉が安かったです。

● 돼지고기

오늘은 돼지고기가
저렴했습니다.

鶏肉
とりにく　　こむぎこ　　　あ
鶏肉を小麦粉につけて揚げました。

● 닭고기

닭고기를 밀가루에 묻혀
튀겼습니다.

たまご

たまごをなべでゆでる。

● 달걀, 계란

달걀을 냄비에 삶는다.

野菜
にく　　やさい　　　　　　　た
肉と野菜をバランスよく食べましょう。

● 채소

고기와 채소를 균형 있게 잘
먹읍시다.

まめ
わたし　いなか　　　　　　　さいばい
私は田舎でまめを栽培しています。

● 콩

나는 시골에서 콩을 재배하고
있습니다.

141

にんじん

カレーの中ににんじんを入れる。

● 당근

카레에 당근을 넣는다.

ほうれん草

まずほうれん草をゆでてください。

● 시금치

우선 시금치를 데쳐 주세요.

たまねぎ

なべでたまねぎを煮込みます。

● 양파

냄비에 양파를 푹 조립니다.

豆腐

豆腐を切ってお味噌汁に入れました。

● 두부

두부를 잘라 된장국에
넣었습니다.

お米

ご飯を炊く前にお米をきれいに洗います。

● 쌀

밥을 짓기 전에 쌀을
깨끗하게 씻습니다.

+ 플러스 어휘

ねぎ 파	ピーマン 피망	にんにく 마늘
さつまいも 고구마	じゃがいも 감자	トマト 토마토
もやし 숙주나물	レタス 양상추	はくさい 배추
麦 보리	納豆 낫토	小麦粉 밀가루

果物
<ruby>果物<rt>くだ もの</rt></ruby>

この<ruby>八百屋<rt>や お や</rt></ruby>は**<ruby>果物<rt>くだもの</rt></ruby>**を<ruby>安<rt>やす</rt></ruby>く<ruby>売<rt>う</rt></ruby>っています。

과일

이 채소 가게는 과일을 싸게 팝니다.

いちご

<ruby>甘<rt>あま</rt></ruby>くてすっぱい**いちご**を<ruby>食<rt>た</rt></ruby>べました。

딸기

달고 신 딸기를 먹었습니다.

スイカ

<ruby>畑<rt>はたけ</rt></ruby>で**スイカ**を<ruby>育<rt>そだ</rt></ruby>てています。

수박

밭에서 수박을 키우고 있습니다.

もも

<ruby>食後<rt>しょく ご</rt></ruby>のデザートは**もも**だよ。

복숭아

식후 디저트는 복숭아야.

りんご

<ruby>赤<rt>あか</rt></ruby>くておいしそうな**りんご**ですね。

사과

빨갛고 맛있어 보이는 사과네요.

皮をむく
<ruby>皮<rt>かわ</rt></ruby>をむく

おじいさんがみかんの**<ruby>皮<rt>かわ</rt></ruby>をむいて**くれました。

껍질을 까다

할아버지가 귤 껍질을 까 주었습니다.

➕ 플러스 어휘

うめ 매실	オレンジ 오렌지	バナナ 바나나
ぶどう 포도	なし 배	みかん 귤

入(い)れる

カップラーメンにお湯(ゆ)を入(い)れて3分(さんぷん)待(ま)つ。

● 넣다

컵라면에 뜨거운 물을 넣고
3분 기다린다.

沸(わ)かす

ポットでお湯(ゆ)を沸(わ)かします。

● 끓이다

전기 포트로 물을 끓입니다.

揚(あ)げる

鶏肉(とりにく)に下味(したあじ)をつけてから揚(あ)げる。

● 튀기다

닭고기에 밑간을 해서
튀긴다.

煮(に)る

すを入(い)れて煮(に)ると肉(にく)が柔(やわ)らかくなります。

● 조리다, 삶다

식초를 넣고 삶으면 고기가
부드러워집니다.

ゆでる

枝豆(えだまめ)を中火(ちゅうび)で10分(じゅっぷん)ゆでます。

● 데치다, 삶다

완두콩을 중불로 10분
삶습니다.

焼(や)く

じゃがいもを、軽(かる)くバターで焼(や)きます。

● 굽다

감자를 버터로 가볍게
굽습니다.

蒸(む)す

蒸(む)し器(き)でさつまいもをおいしく蒸(む)します。

● 찌다

찜기로 고구마를 맛있게
찝니다.

144

炒める
<ruby>炒<rt>いた</rt></ruby>

もやしと<ruby>牛肉<rt>ぎゅうにく</rt></ruby>を<ruby>一緒<rt>いっしょ</rt></ruby>に**<ruby>炒<rt>いた</rt></ruby>めます**。

● (기름으로) 볶다

숙주나물과 소고기를 함께
볶습니다.

混ぜる
<ruby>混<rt>ま</rt></ruby>

<ruby>牛乳<rt>ぎゅうにゅう</rt></ruby>と<ruby>小麦粉<rt>こむぎこ</rt></ruby>をスプーンで**<ruby>混<rt>ま</rt></ruby>ぜます**。

● 섞다

우유와 밀가루를 스푼으로
섞습니다.

足す
<ruby>足<rt>た</rt></ruby>

<ruby>味噌汁<rt>みそしる</rt></ruby>に<ruby>醤油<rt>しょうゆ</rt></ruby>を**<ruby>足<rt>た</rt></ruby>して**<ruby>味見<rt>あじみ</rt></ruby>をする。

● 더하다

된장국에 간장을 더하고 맛을
본다.

細かい
<ruby>細<rt>こま</rt></ruby>

キャベツを**<ruby>細<rt>こま</rt></ruby>かく**<ruby>刻<rt>きざ</rt></ruby>みます。

● 잘다

양배추를 잘게 썰어요.

漬ける
<ruby>漬<rt>つ</rt></ruby>

<ruby>牛肉<rt>ぎゅうにく</rt></ruby>をタレに**<ruby>漬<rt>つ</rt></ruby>けて**<ruby>冷蔵庫<rt>れいぞうこ</rt></ruby>で<ruby>保存<rt>ほぞん</rt></ruby>する。

● 절이다, 재우다

소고기를 양념에 재워서
냉장고에 넣어 둔다.

なべ

<ruby>大<rt>おお</rt></ruby>きな**なべ**でカレーを<ruby>作<rt>つく</rt></ruby>った。

● 냄비, 냄비 요리

큰 냄비로 카레를 만들었다.

フライパン

パスタのソースは**フライパン**で<ruby>作<rt>つく</rt></ruby>ります。

● 프라이팬

파스타 소스는 프라이팬을
사용해 만듭니다.

お皿
小さい**お皿**を食卓に並べる。

● 접시
작은 접시를 식탁에
늘어놓는다.

包丁
包丁の切れ味が悪くなった。

● 식칼
식칼이 잘 들지 않는다.

箸
彼は**箸**を左手で持ちます。

● 젓가락
그는 젓가락을 왼손으로
잡습니다.

コップ
コップに冷たいジュースを注ぎました。

● 컵
컵에 차가운 주스를
따랐습니다.

割れる
大切にしていたお皿が**割れました**。

● 깨지다
아끼던 접시가 깨졌습니다.

➕ 플러스 어휘

うつわ 그릇	**おちゃわん** 밥그릇	**おぼん** 쟁반
スプーン 숟가락, 스푼	**ナイフ** 나이프	**フォーク** 포크

11 건물과 방향

方向音痴 ほうこうおんち 길치

どこ 어디

探す さが 찾다

建物 たてもの 건물

公園 こうえん 공원

建<ruby>物<rt></rt></ruby>
<ruby>建物<rt>たて もの</rt></ruby>

<ruby>京都<rt>きょうと</rt></ruby>には<ruby>高<rt>たか</rt></ruby>い**<ruby>建物<rt>たてもの</rt></ruby>**がありません。

● 건물

교토에는 높은 건물이
없습니다.

建<ruby>て<rt>た</rt></ruby>る

<ruby>丘<rt>おか</rt></ruby>の<ruby>上<rt>うえ</rt></ruby>に<ruby>大<rt>おお</rt></ruby>きな<ruby>家<rt>いえ</rt></ruby>を**<ruby>建<rt>た</rt></ruby>てました**。

● 짓다, 세우다

언덕 위에 큰 집을
지었습니다.

ビル

あの**ビル**の３<ruby>階<rt>さんがい</rt></ruby>に<ruby>事務所<rt>じ むしょ</rt></ruby>があります。

● 빌딩

저 빌딩 3층에 사무실이
있습니다.

場<ruby>所<rt>ば しょ</rt></ruby>

この**<ruby>場所<rt>ば しょ</rt></ruby>**に<ruby>来<rt>く</rt></ruby>ると<ruby>気分<rt>き ぶん</rt></ruby>がよくなります。

● 장소

이 장소에 오면 기분이
좋아집니다.

商<ruby>店街<rt>しょう てん がい</rt></ruby>

<ruby>私<rt>わたし</rt></ruby>たちは**<ruby>商店街<rt>しょうてんがい</rt></ruby>**で<ruby>買<rt>か</rt></ruby>い<ruby>物<rt>もの</rt></ruby>をしました。

● 상점가

우리는 상점가에서 물건을
샀습니다.

店<ruby><rt>みせ</rt></ruby>

その**<ruby>店<rt>みせ</rt></ruby>**は<ruby>広<rt>ひろ</rt></ruby>くてきれいでした。

● 가게, 상점

그 가게는 넓고
깨끗했습니다.

 플러스 어휘

<ruby>繁華街<rt>はん か がい</rt></ruby> 번화가　　　　　にぎやかだ 번화하다, 북적이다

デパート

デパートは午前10時に開店します。

○ 백화점

백화점은 오전 열 시에
개점합니다.

スーパー

スーパーにエコバックを持って行きます。

○ 슈퍼마켓, 슈퍼

슈퍼에 에코백을 들고
갑니다.

コンビニ

このコンビニは２４時間営業しています。

○ 편의점

편의점은 24시간 영업하고
있습니다.

ドラッグストア

ドラッグストアで頭痛薬を買いました。

○ 약국, 드러그스토어

약국에서 두통약을 샀습니다.

映画館

映画館でチケットを予約しました。

○ 영화관

영화관에서 티켓을
예약했습니다.

並ぶ

このケーキ屋はいつも人が並んでいます。

○ 줄서다

이 케이크 가게는 항상
사람들이 줄 서 있습니다.

公園

毎朝、父と公園に行きます。

○ 공원

매일 아침, 아빠와 공원에
갑니다.

市役所
しやくしょ

バスは**市役所**の前に止まりました。
しやくしょ　まえ　と

○ 시청

버스는 시청 앞에서
섰습니다.

郵便局
ゆうびんきょく

郵便局で郵便物を出してきました。
ゆうびんきょく　ゆうびんぶつ　だ

○ 우체국

우체국에서 우편물을 부치고
왔습니다.

交番
こうばん

駅の前に**交番**があります。
えき　まえ　こうばん

○ 파출소

역 앞에 파출소가 있습니다.

銀行
ぎんこう

銀行の窓口でお金を下ろしました。
ぎんこう　まどぐち　かね　お

○ 은행

은행 창구에서 돈을
찾았습니다.

間
あいだ

駐車場はコインランドリーと本屋の**間**にあります。
ちゅうしゃじょう　ほんや　あいだ

○ 사이

주차장은 무인 빨래방과 서점
사이에 있습니다.

方向
ほうこう

地図を見て**方向**を確認しました。
ちず　み　ほうこう　かくにん

○ 방향

지도를 보고 방향을
확인했습니다.

上うえ 위　　**下**した 아래　　**前**まえ 앞　　**後ろ**うしろ 뒤

中なか 안　　**外**そと 밖

そば

今日は子どものそばで寝ます。
_{きょう} _こ _ね

● 옆

오늘은 아이 옆에서
잘 거예요.

となり

祖父はとなりの家に住んでいる。
_{そ ふ} _{いえ} _す

● 옆

할아버지는 옆집에
살고 있다.

よこ

市役所のよこに公園があります。
_{し やくしょ} _{こうえん}

● 옆

시청 옆에 공원이 있습니다.

右
_{みぎ}

右にあるのが先生のかばんです。
_{みぎ} _{せんせい}

● 오른쪽

오른쪽에 있는 것이 선생님
가방입니다.

左
_{ひだり}

トイレは店を出て左にあります。
_{みせ} _で _{ひだり}

● 왼쪽

화장실은 가게를 나가서
왼쪽에 있습니다.

東西南北
_{とう ざい なん ぼく}

太陽は東から出て西へ沈みます。
_{たいよう} _{ひがし} _で _{にし} _{しず}

● 동서남북

태양은 동쪽에서 떠서
서쪽으로 집니다.

東 ひがし 동쪽　　**西** にし 서쪽　　**南** みなみ 남쪽　　**北** きた 북쪽

探す
さが

ネットで見たお店を**探して**います。
み　　みせ　さが

○ 찾다

인터넷에서 본 가게를 찾고
있습니다.

どちら

市役所は**どちら**ですか。
し　やくしょ

○ 어디, 어느 쪽

시청은 어느 쪽입니까?

こちら 이쪽　　**そちら** 그쪽　　**あちら** 저쪽

どこ

地下鉄の駅は**どこ**にありますか。
ち　か　てつ　えき

○ 어디

지하철역은 어디에
있습니까?

ここ 이곳　　**そこ** 그곳　　**あそこ** 저곳

どうやって

すみません。新宿駅へは**どうやって**行けばいいですか。
しんじゅくえき　　　　　　　　　い

○ 어떻게

저기요. 신주쿠역에는
어떻게 가면 됩니까?

方向音痴
ほう　こう　おん　ち

私は**方向音痴**なので、すぐに道に迷います。
わたし　ほうこうおん　ち　　　　　　　　みち　まよ

○ 길치

나는 길치라서 금방 길을
헤매요.

案内所
あん　ない　しょ

案内所で聞いてみてください。
あんないしょ　き

○ 안내소

안내소에서 물어보세요.

12 길과 교통수단

飛行機 비행기

バス停 버스 정류장

バスに乗る
버스를 타다

運転 운전

道路 도로

道
今日はあまり道が混んでいない。

길

오늘은 그다지 길이 막히지
않는다.

橋
あの橋の前にマンションが建つそうです。

다리

저 다리 앞에 아파트가
들어선다고 합니다.

信号
信号が青から赤に変わりました。

신호(등)

신호가 청색에서
적색으로
바뀌었습니다.

横断歩道
横断歩道にゴミが落ちています。

횡단보도

횡단보도에 쓰레기가 떨어져
있습니다.

渡る
子どもと手をつないで横断歩道を渡りました。

건너다

아이와 손을 잡고 횡단보도를
건넜습니다.

向こう
川の向こうに動物園があります。

건너편

강 건너편에 동물원이
있습니다.

 플러스 어휘

道路 도로 　　　　高速道路 고속도로 　　　　歩道橋 육교

遠い
会社は家から少し遠いです。

● 멀다

회사는 집에서 좀 멉니다.

近い
そのホテルは空港から近いですか。

● 가깝다

그 호텔은 공항에서
가깝습니까?

近く
バス乗り場は駅の近くにあります。

● 가까이, 근처, 가까운 곳

버스 정류장은 역 근처에
있습니다.

進む
私たちは反対方向に進んでいました。

● 나아가다, 가다

우리는 반대 방향으로 가고
있었습니다.

行く
このバスは銀座駅まで行きますか。

● 가다

이 버스는 긴자역까지
가나요?

来る
あと5分で大阪行きのバスが来ます。

● 오다

5분만 있으면 오사카행
버스가 옵니다.

曲がる
映画館が見えたら、左に曲がってください。

● 돌다, 방향을 바꾸다

영화관이 보이면 왼쪽으로
돌아 주세요.

まっすぐ

この道を**まっすぐ**行けば、右に銀行があります。

● 곧바로, 똑바로, 쭉

이 길을 쭉 가면, 오른쪽에
은행이 있습니다.

上がる

エレベーターで15階まで**上がりました**。

● 올라가다

엘리베이터로 15층까지
올라갔습니다.

下がる

中古車の値段が**下がりました**。

● 내려가다

중고차 가격이 내려갔습니다.

通る

この道を**通る**と早く到着しますよ。

● 지나다, 통과하다

이 길을 지나면 빨리
도착합니다.

交通

この辺は**交通**の便がいいです。

● 교통

이 부근은 교통편이
좋습니다.

乗る

私は東京行きの新幹線に**乗って**います。

● 타다

나는 도쿄행 신칸센을 타고
있습니다.

着く

名古屋駅には午後3時に**着きます**。

● 도착하다

나고야역에는 오후 세 시에
도착합니다.

降りる

家の前でタクシーを**降りました**。

● 내리다

집 앞에서 택시를
내렸습니다.

降ろす

信号の手前で**降ろして**ください。

● 내리다, 내려 주다

신호등 바로 앞에서
내려 주세요.

乗り換える

特急から普通電車に**乗り換えます**。

● 갈아타다, 환승하다

특급에서 보통 전철로
갈아탑니다.

車

昨年、**車**の免許を取った。

● 차, 자동차

작년에 자동차 면허를 땄다.

自動車

横断歩道を渡る時は、**自動車**に気をつけましょう。

● 자동차

횡단보도를 건널 때에는
자동차를 조심합시다.

運転

車のスピードを落として**運転**をしました。

● 운전

자동차 속도를 낮춰서 운전을
했습니다.

シートベルト

お客様は必ず**シートベルト**を着用してください。

● 안전벨트

손님께서는 반드시
안전벨트를 매 주세요.

回す
<ruby>回<rt>まわ</rt></ruby>す

車のハンドルを思いっきり回しました。

🔵 돌리다

자동차 핸들을 힘껏
돌렸습니다.

踏む
<ruby>踏<rt>ふ</rt></ruby>む

赤信号だったのでブレーキを踏みました。

🔵 밟다

적색 신호라서 브레이크를
밟았습니다.

駐車場
<ruby>駐車場<rt>ちゅうしゃじょう</rt></ruby>

この近くに駐車場はありますか。

🔵 주차장

이 근처에 주차장은
있습니까?

サービスエリア

次のサービスエリアで休憩して行きましょう。

🔵 (고속도로 등) 휴게소

다음 휴게소에서 쉬고
갑시다.

バイク

バイクの定期点検を予約しました。

🔵 오토바이, 바이크

오토바이 정기 점검을
예약했습니다.

自転車
<ruby>自転車<rt>じてんしゃ</rt></ruby>

自転車のタイヤの空気が抜けた。

🔵 자전거

자전거 타이어 공기가
빠졌다.

➕ 플러스 어휘

電動自転車 전동 자전거

ママチャリ 앞에 바구니가 달린 자전거

マウンテンバイク 산악 자전거

オートバイ 오토바이

スクーター 스쿠터

電動キックボード

電動キックボードはどこでレンタルできますか。

● 전동 킥보드

전동 킥보드는 어디에서 빌릴
수 있나요?

ヘルメット

電動キックボードに乗る時もヘルメットをかぶらな
ければならない。

● 헬멧

전동 킥보드를 탈 때도
헬멧을 써야 한다.

タクシー

みんなタクシーに乗って、空港に行きました。

● 택시

모두 택시를 타고 공항으로
갔습니다.

捕まる

急いでいるのにタクシーが捕まりません。

● 잡히다

급한데 택시가 안 잡힙니다.

拾う

会社の近くでタクシーを拾って移動しました。

● (택시를) 잡다

회사 근처에서 택시를 잡아
이동했습니다.

運転手

運転手さんからおつりをもらいました。

● 운전사, 운전 기사

운전사에게 거스름돈을
받았습니다.

待つ

バス停でバスを３０分以上待ちました。

● 기다리다

버스 정류장에서 버스를 30분
이상 기다렸습니다.

バス

道が混んでいるので、**バス**が遅れています。

○ 버스

길이 막혀서 버스가 늦어지고
있습니다.

バス停

３台のバスが**バス停**に止まっています。

○ 버스 정류장

버스 세 대가 버스 정류장에
멈춰서 있습니다.

ラッシュ

通勤**ラッシュ**が終わりました。

○ 정체, 러시

출근길 정체가 끝났습니다.

時刻表

休日の**時刻表**は平日の時刻表と少し違います。

○ 시각표

휴일 시각표는 평일 시각표와
좀 다릅니다.

延びる

飛行機の出発時間が３０分**延びました**。

○ 연기되다

비행기 출발 시간이 30분
연기되었습니다.

かかる

集合場所に着くまで時間が**かかり**そうです。

○ 걸리다

집합 장소에 도착하려면
시간이 걸릴 것 같습니다.

間に合う

今ならまだ飛行機に**間に合います**。

○ 제시간에 맞추다

지금이라면 아직 비행기
시간에 맞출 수 있습니다.

無理だ
あと一時間で目的地に着くのは**無理です**。

● 무리이다

앞으로 한 시간 안에
목적지에 도착하는 것은
무리입니다.

空く
今日は平日なので電車が**空いて**いる。

● 비다

오늘은 평일이라서 전철이
비어 있다.

混む
ゴールデンウィークはどこに行っても**混んで**いる。

● 붐비다, 북적이다

황금연휴는 어디를 가나
북적인다.

静かだ
電車の中は人が少なくて**静かでした**。

● 조용하다

전철 안은 사람이 적어서
조용했습니다.

うるさい
工事の音が**うるさくて**勉強できません。

● 시끄럽다

공사 소리가 시끄러워서
공부할 수가 없습니다.

 플러스 어휘

満員バス 만원 버스 　　　夜行バス 야간 버스 　　　通学ラッシュ 통학 러시

帰省ラッシュ 귀성 러시, 귀성 정체

地下鉄
ち　か　てつ

地下鉄で渋谷駅まで来てください。
ち　か　てつ　　　　し　ぶ　や　えき　　　　き

지하철

지하철로 시부야역까지
오세요.

電車
でん　しゃ

東京はいつも電車が混んでいます。
とうきょう　　　　　　でん　しゃ　　こ

전철

도쿄는 항상 전철이
붐빕니다.

新幹線
しん　かん　せん

新幹線の車内販売でコーヒーを買った。
しんかんせん　　しゃないはんばい　　　　　　　　　　か

신칸센, 일본 고속 열차

신칸센 차내에서 판매하는
커피를 샀다.

各駅停車
かく　えき　てい　しゃ

この電車は池袋から各駅停車になります。
でんしゃ　　いけぶくろ　　かくえきていしゃ

**각 역 정차, 모든 역에
정차함**

이 전철은 이케부쿠로부터
모든 역에 정차합니다.

急行
きゅう　こう

急行に乗って終点まで行きます。
きゅうこう　　の　　　しゅうてん　　　い

급행

급행을 타고 종점까지
갑니다.

指定席
し　てい　せき

指定席は少し値段が高いです。
し　ていせき　　すこ　　ねだん　　たか

지정석

지정석은 가격이 약간
비쌉니다.

じ ゆうせき **自由席** 자유석	ゆうせんせき **優先席** 교통약자석	ふ つう **普通** 보통 열차
とっきゅう **特急** 특급 열차	かいそくとっきゅう **快速特急** 쾌속 특급 열차	

駅
えき

マンションは**駅**から徒歩３分の場所です。

● 역

아파트는 역에서 걸어서 3분
거리에 있습니다.

駅員
えき いん

駅員に落とし物を届けました。

● 역무원

역무원에게 분실물을
신고했습니다.

窓口
まど ぐち

駅の**窓口**で相談してみてください。

● 창구

역 창구에서 상의해 보세요.

切符売り場
きっ ぷ う ば

切符売り場で一日乗車券を買ってください。

● 매표소

매표소에서 1일 승차권을
사세요.

切符
きっ ぷ

入り口で**切符**を渡しました。

● 표, 티켓

입구에서 표를 냈습니다.

チケット

チケットをちゃんと確認してください。

● 티켓

티켓을 확실히 확인해
주세요.

チャージする

ＩＣカードに2000円を**チャージ**しました。

● 충전하다

IC카드에 2000엔을
충전했습니다.

改札口
改札口で待ち合わせしましょう。

● 개찰구

개찰구에서 만나기로 합시다.

出口
駅の出口まで迎えに行きます。

● 출구

역 출구까지 마중하러
갈게요.

コインロッカー
どこのコインロッカーも空いていません。

● 코인 로커, 물품 보관함

비어 있는 물품 보관함이
없습니다.

売店
駅内の売店でお茶とお弁当を買いました。

● 매점

역 안에 있는 매점에서
녹차와 도시락을 샀습니다.

船
妻は船に乗ると必ず船酔いをします。

● 배

아내는 배를 타면 꼭 배
멀미를 합니다.

飛行機
雪のせいで飛行機の出発が遅れています。

● 비행기

눈이 많이 와서 비행기
출발이 늦어지고 있습니다.

＋플러스 어휘

| ヘリコプター 헬리콥터 | ヨット 요트 | ドローン 드론 |

13 여행과 관광

旅館 여관
りょ かん

旅行 여행
りょ こう

温泉 온천
おん せん

旅行
りょ こう

明日から家族と大阪旅行に行きます。
あした　　かぞく　おおさかりょこう　い

○ 여행

내일부터 가족과 오사카
여행을 갑니다.

観光
かん こう

バスに乗って京都を観光しました。
の　　きょうと　かんこう

○ 관광

버스를 타고 교토를
관광했습니다.

見物
けん ぶつ

東京で有名な観光地を見物しました。
とうきょう　ゆうめい　かんこうち　けんぶつ

○ 구경

도쿄에서 유명한 관광지를
구경했습니다.

日本
に ほん

○ 일본

北海道ほっかいどう 홋카이도

福島ふくしま 후쿠시마

東京とうきょう 도쿄

京都きょうと 교토

名古屋なごや 나고야

大阪おおさか 오사카

福岡ふくおか 후쿠오카

香川かがわ 가가와

長崎ながさき 나가사키

沖縄おきなわ 오키나와

連休
れんきゅう

連休が始まり観光客が増えました。
れんきゅう はじ かんこうきゃく ふ

○ 연휴

연휴가 시작되어 관광객이 늘었습니다.

日程
にっ てい

今度一緒に旅行の日程を考えましょう。
こんど いっしょ りょこう にってい かんが

○ 일정

다음에 함께 여행 일정을 생각해 봅시다.

予定
よ てい

来週は家族と福岡に行く予定です。
らいしゅう かぞく ふくおか い よてい

○ 예정

다음 주에는 가족과 후쿠오카에 갈 예정입니다.

予約
よ やく

駅の近くにあるホテルを予約しました。
えき ちか よやく

○ 예약

역에서 가까운 곳에 있는 호텔을 예약했습니다.

変更
へん こう

日程の変更をしたいです。
にってい へんこう

○ 변경

일정을 변경하고 싶습니다.

キャンセル

ホテルの予約をキャンセルしたいです。
よやく

○ 취소

호텔 예약을 취소하고 싶습니다.

あきらめる

天気が悪いから今回の旅行はあきらめました。
てんき わる こんかい りょこう

○ 포기하다, 단념하다

날씨가 안 좋아서 이번 여행은 포기했습니다.

延ばす
の

海外に行くのを一週間延ばしました。
かいがい　　い　　　　　　いっしゅうかん　の

● 연기하다, 늘리다

해외에 가는 것을 일주일
연기했습니다.

日帰り
ひ　がえ

日帰り旅行で京都に行きました。
ひ　がえ　りょこう　きょうと　い

● 당일치기

당일치기 여행으로 교토에
갔습니다.

一泊二日
いっ　ぱく　ふつか

久しぶりに一泊二日のキャンプをしました。
ひさ　　　　　　　いっぱく　ふつか

● 1박 2일

오랜만에 1박 2일의 캠프를
했습니다.

出発
しゅっ　ぱつ

東京駅から新幹線が出発します。
とうきょうえき　　しんかんせん　しゅっぱつ

● 출발

도쿄역에서 신칸센이
출발합니다.

到着
とう　ちゃく

あと３０分で目的地に到着します。
さんじゅっぷん　もくてきち　とうちゃく

● 도착

앞으로 30분 후에 목적지에
도착합니다.

出国
しゅっ　こく

出国の手続きに時間がかかりました。
しゅっこく　て　つづ　じかん

● 출국

출국 수속하는 데에 시간이
걸렸습니다.

入国
にゅう　こく

入国手続きが終わりました。
にゅうこく　て　つづ　お

● 입국

입국 수속이 끝났습니다.

168

パスポート

<ruby>飛<rt>ひ</rt></ruby><ruby>行<rt>こう</rt></ruby><ruby>機<rt>き</rt></ruby>に<ruby>乗<rt>の</rt></ruby>る<ruby>前<rt>まえ</rt></ruby>に**パスポート**を<ruby>見<rt>み</rt></ruby>せてください。

● 여권

비행기에 타기 전에 여권을
보여 주세요.

<ruby>空<rt>くう</rt></ruby><ruby>港<rt>こう</rt></ruby>

<ruby>空<rt>くう</rt></ruby><ruby>港<rt>こう</rt></ruby>で<ruby>芸<rt>げい</rt></ruby><ruby>能<rt>のう</rt></ruby><ruby>人<rt>じん</rt></ruby>を<ruby>見<rt>み</rt></ruby>ました。

● 공항

공항에서 연예인을 봤습니다.

<ruby>通<rt>とお</rt></ruby>る

<ruby>出<rt>しゅっ</rt></ruby><ruby>国<rt>こく</rt></ruby>する<ruby>前<rt>まえ</rt></ruby>に<ruby>税<rt>ぜい</rt></ruby><ruby>関<rt>かん</rt></ruby>を**<ruby>通<rt>とお</rt></ruby>りました**。

● 통과하다

출국하기 전에 세관을
통과했습니다.

<ruby>迎<rt>むか</rt></ruby>える

<ruby>両<rt>りょう</rt></ruby><ruby>親<rt>しん</rt></ruby>が<ruby>私<rt>わたし</rt></ruby>を**<ruby>迎<rt>むか</rt></ruby>え**にきました。

● 마중하다

부모님이 저를 데리러
왔습니다.

<ruby>見<rt>み</rt></ruby><ruby>送<rt>おく</rt></ruby>る

<ruby>友<rt>とも</rt></ruby>だちが<ruby>空<rt>くう</rt></ruby><ruby>港<rt>こう</rt></ruby>まで**<ruby>見<rt>み</rt></ruby><ruby>送<rt>おく</rt></ruby>り**に<ruby>来<rt>き</rt></ruby>てくれた。

● 배웅하다

친구가 공항까지 배웅하러 와
주었다.

<ruby>国<rt>こく</rt></ruby><ruby>際<rt>さい</rt></ruby><ruby>線<rt>せん</rt></ruby>

<ruby>国<rt>こく</rt></ruby><ruby>際<rt>さい</rt></ruby><ruby>線<rt>せん</rt></ruby>カウンターの<ruby>近<rt>ちか</rt></ruby>くに<ruby>両<rt>りょう</rt></ruby><ruby>替<rt>がえ</rt></ruby><ruby>所<rt>しょ</rt></ruby>があります。

● 국제선

국제선 카운터 근처에
환전소가 있습니다.

 플러스 어휘

13-05.mp3

ビザ 비자

<ruby>国<rt>こく</rt></ruby><ruby>内<rt>ない</rt></ruby><ruby>線<rt>せん</rt></ruby> 국내선

<ruby>窓<rt>まど</rt></ruby><ruby>側<rt>がわ</rt></ruby> 창가

航空券

ネットで**航空券**を予約しました。

● 항공권

인터넷으로 항공권을
예약했습니다.

コスパ

LCCのチケットは安くて**コスパ**がいいです。

● 가성비

저가 항공사의 티켓은 싸고
가성비가 좋습니다.

座席

座席のよこからテーブルを出してください。

● 좌석

좌석 옆에서 테이블을 꺼내
주세요.

機内食

さっき**機内食**を食べました。

● 기내식

아까 기내식을 먹었습니다.

免税品

ただいまから**免税品**の販売を行います。

● 면세품

지금부터 면세품 판매를
진행하겠습니다.

免税店

免税店で時計を買いました。

● 면세점

면세점에서 시계를 샀습니다.

荷物

荷物を両手に持っています。

● 짐

짐을 양손에 들고 있습니다.

お土産
みやげ

お土産を買ったので荷物が重いです。
みやげ か にもつ おも

● 기념품, 여행 선물

선물을 사서 짐이
무겁습니다.

必要だ
ひつ よう

旅行に行くのに大きいスーツケースが必要です。
りょこう い おお ひつよう

● 필요하다

여행가는 데 큰 여행 가방이
필요합니다.

両替
りょう がえ

ドルを円に両替したいです。
えん りょうがえ

● 환전

달러를 엔으로 바꾸고
싶습니다.

レンタカー

旅行先でレンタカーを借りた。
りょこうさき か

● 렌터카

여행지에서 렌터카를 빌렸다.

温泉
おん せん

日本では有馬温泉、草津温泉、下呂温泉が有名です。
にほん ありまおんせん くさつおんせん げろおんせん ゆうめい

● 온천

일본에서는 아리마 온천,
쿠사츠 온천, 게로 온천이
유명합니다.

宿泊
しゅく はく

昨晩、宿泊したホテルは快適でした。
さくばん しゅくはく かいてき

● 숙박

어젯밤 숙박했던 호텔은
쾌적했습니다.

ホテル

ホテルのロビーで待っています。
ま

● 호텔

호텔 로비에서 기다리고
있습니다.

旅館
りょかん

この旅館の朝食はとてもおいしいですよ。

● 여관, 료칸

이 여관의 조식은 매우
맛있습니다.

泊まる
と

私たちは5階の部屋に泊まっています。

● 묵다

우리는 5층 객실에 묵고
있습니다.

フロント

Wi-Fiのパスワードはフロントに聞いてください。

● 프런트

와이파이의 비밀번호는
프런트에 물어보세요.

チェックイン

午後3時からチェックインができます。

● 체크인

오후 세 시부터 체크인이
가능합니다.

ツインルーム

シングルルームからツインルームに変更はできますか。

● 트윈룸

싱글룸에서 트윈룸으로
변경은 가능한가요?

朝食
ちょうしょく

この宿泊プランに朝食は付いていません。

● 조식, 아침 식사

이 숙박 플랜에 조식은
포함되어 있지 않습니다.

＋ 플러스 어휘

チェックアウト 체크아웃	シングルルーム 싱글룸	ダブルルーム 더블룸
シングルベッド 싱글베드	ダブルベッド 더블베드	

14 패션과 뷰티, 쇼핑

かばん 가방

ショッピング 쇼핑

デパート 백화점

服 옷
_{ふく}

靴 신발
_{くつ}

ショッピング

週末は妹とショッピングをしました。

● 쇼핑

주말에는 여동생과 쇼핑을 했습니다.

売り場

化粧品の売り場はどこですか。

● 매장

화장품 매장은 어디인가요?

買う

お金を貯めて自分の好きなものを買いました。

● 사다

돈을 모아 자신이 좋아하는 것을 샀습니다.

売る

品物を安く買って高く売ります。

● 팔다

물건을 싸게 사서 비싸게 팝니다.

売れる

この商品は海外でも絶対に売れます。

● 팔리다

이 상품은 해외에서도 반드시 팔릴 거예요.

品物

店で一番安い品物を買いました。

● 물건

가게에서 가장 저렴한 물건을 샀습니다.

いろいろだ

ショッピングモールではいろいろなものを売っています。

● 다양하다

쇼핑몰에서는 다양한 물건을 팔고 있습니다.

174

選ぶ
えら

カバンの種類が多くて選べません。
しゅるい おお えら

● 고르다

가방의 종류가 많아서 못
고르겠습니다.

持つ
も

重い荷物を持っています。
おも にもつ も

● 가지다, 들다

무거운 짐을 들고 있습니다.

有名だ
ゆう めい

そのブランドのカバンは有名です。
ゆうめい

● 유명하다

그 브랜드의 가방은
유명합니다.

本物
ほん もの

本物の宝石は初めて買いました。
ほんもの ほうせき はじ か

● 진짜, 진품

진짜 보석은 처음 샀습니다.

偽物
にせ もの

本物と偽物の違いが分かりますか。
ほんもの にせもの ちが わ

● 가짜, 위조품, 가품

진품과 가품의 차이를
압니까?

セール

年末のセールは１２月から始まります。
ねんまつ じゅうにがつ はじ

● 세일

연말 세일은 12월부터
시작됩니다.

客
きゃく

雨の日は客が少ないので困ります。
あめ ひ きゃく すく こま

● 손님

비가 오는 날은 손님이
적어서 힘듭니다.

値段
ねだん

値段を聞いてから買うのを決めよう。
ねだん き か き

● 가격

가격을 듣고 나서 살 건지
결정하자.

金額
きんがく

お会計の金額が間違っていました。
かいけい きんがく まちが

● 금액

계산 금액이 잘못되어
있었습니다.

価格
かかく

表示価格はすべて税込みです。
ひょうじ かかく ぜいこ

● 가격

표시된 가격은 모두 세금이
포함된 가격입니다.

割引
わりびき

クーポンを使うと、10パーセント割引になります。
つか じゅっ わりびき

● 할인

쿠폰을 쓰면 10%
할인됩니다.

学割
がくわり

学割を使う場合は、学生証を見せてください。
がくわり つか ばあい がくせいしょう み

● 학생 할인

학생 할인을 사용할 경우에는
학생증을 보여 주세요.

高い
たか

来月から家賃が高くなります。
らいげつ やちん たか

● 비싸다

다음 달부터 집세가
오릅니다.

安い
やす

人気ブランドのバッグを安く買いました。
にんき やす か

● 싸다, 저렴하다

인기 브랜드 가방을 저렴하게
샀습니다.

いくら

全部で**いくら**になりますか。
ぜん ぶ

얼마

전부 해서 얼마입니까?

クレジットカード

この店で**クレジットカード**は使えますか。
みせ　　　　　　　　　　　　　つか

신용카드

이 가게에서 신용카드를
사용할 수 있나요?

現金
げん きん

現金がないので、カードで払ってもいいですか。
げんきん　　　　　　　　　はら

현금

현금이 없어서, 카드로
계산해도 될까요?

現金払い
げん きん ばら

すみませんが、**現金払い**はできません。
げんきんばら

현금 지불

죄송합니다만, 현금으로는
계산할 수 없습니다.

おつり

おつりを細かいお金でもらえますか。
こま　　かね

거스름돈

거스름돈을 잔돈으로 받을 수
있을까요?

お返し
かえ

２６０円の**お返し**です。
にひゃくろくじゅうえん　かえ

거스름돈

(점원이) 거스름돈
260엔입니다.

レシート

レシートは要らないので捨ててください。
い　　　　　す

영수증

영수증은 필요없으니
버려 주세요.

177

1엔	2엔	3엔	4엔
いちえん	にえん	さんえん	よえん
一円	二円	三円	四円

5엔	6엔	7엔	8엔
ごえん	ろくえん	ななえん	はちえん
五円	六円	七円	八円

9엔	10엔	20엔	30엔
きゅうえん	じゅうえん	にじゅうえん	さんじゅうえん
九円	十円	二十円	三十円

40엔	50엔	60엔	70엔
よんじゅうえん	ごじゅうえん	ろくじゅうえん	ななじゅうえん
四十円	五十円	六十円	七十円

80엔	90엔	100엔
はちじゅうえん	きゅうじゅうえん	ひゃくえん
八十円	九十円	百円

¥100~10,000

100엔	200엔	300엔	400엔
ひゃくえん	にひゃくえん	さんびゃくえん	よんひゃくえん
百円	二百円	三百円	四百円

500엔	600엔	700엔	800엔
ごひゃくえん	ろっぴゃくえん	ななひゃくえん	はっぴゃくえん
五十円	六百円	七百円	八百円

900엔	1,000엔	2,000엔
きゅうひゃくえん	せんえん	にせんえん
九百円	千円	二千円

3,000엔	4,000엔	5,000엔	6,000엔
さんぜんえん	よんせんえん	ごせんえん	ろくせんえん
三千円	四千円	五千円	六千円

7,000엔	8,000엔	9,000엔	10,000엔
ななせんえん	はっせんえん	きゅうせんえん	いちまんえん
七千円	八千円	九千円	一万円

お金 (かね)

コンビニのＡＴＭ(エーティーエム)から**お金**(かね)を振(ふ)り込(こ)んだ。

돈

편의점의 ATM에서 돈을
입금했다.

貸す (か)

友(とも)だちにお金(かね)を**貸**(か)**して**もらった。

빌려주다

친구에게 돈을 빌렸다.

返す (かえ)

借(か)りていた服(ふく)を**返**(かえ)**しました**。

돌려주다, 갚다

빌렸던 옷을 돌려주었습니다.

多い (おお)

繁華街(はんかがい)には若者(わかもの)が**多**(おお)**い**です。

많다

번화가에는 젊은이가
많습니다.

少ない (すく)

アルバイトの給料(きゅうりょう)が**少**(すく)**ない**です。

적다

아르바이트 급료가 적습니다.

足りない (た)

お金(かね)が**足**(た)**りなかった**ので、お菓子(かし)が買(か)えませんでした。

부족하다

돈이 부족해서, 과자를 사지
못했습니다.

身なり (み)

身(み)**なり**を整(ととの)えて出(で)かけました。

옷차림, 복장, 옷매무새

옷매무새를 단정히 하고
외출했습니다.

服
ふく

きれいな服に着替えました。

● 옷

예쁜 옷으로 갈아입었습니다.

着物
き もの

着物を着て京都観光をする。

● 기모노, 일본 전통 의상

기모노를 입고 교토 관광을
한다.

洋服
よう ふく

洋服にシミがついています。

● 양복, 정장

양복에 얼룩이 묻어
있습니다.

上着
うわ ぎ

上着のポケットにハンカチが入っている。

● 상의

상의 주머니에 손수건이 들어
있다.

スーツ

このスーツに合うネクタイを探しています。

● 슈트, 정장

이 슈트에 어울리는 넥타이를
찾고 있습니다.

コート

コートの袖が少し短い。

● 코트

코트의 소매가 조금 짧다.

ジャケット

ジャケットを椅子にかけます。

● 재킷

재킷을 의자에 겁니다.

セーター

寒くなってきたので、**セーター**を買いました。

스웨터

추워지기 시작해서 스웨터를
샀습니다.

Tシャツ

店で**Tシャツ**を何枚か買いました。

티셔츠

가게에서 티셔츠를 몇 벌
샀습니다.

ワイシャツ

この**ワイシャツ**は家で洗えますか。

와이셔츠

이 와이셔츠는 집에서 세탁할
수 있나요?

半そで

半そでのシャツにアイロンをかけた。

반팔

반팔 셔츠를 다렸다.

スカート

かわいい花柄の**スカート**をはきました。

치마

귀여운 꽃무늬 치마를
입었습니다.

ズボン

ズボンのウエストがちょっときついです。

바지

바지 허리가 좀 조여요.

ジーンズ

ヴィンテージの**ジーンズ**を集めています。

청바지

빈티지 청바지를 모으고
있습니다.

レギンス

ヨガをするときは、**レギンス**をはいています。

● 레깅스

요가를 할 때는 레깅스를
입습니다.

ジョガーパンツ

ジョガーパンツのサイズが大_{おお}きいです。

● 조거팬츠

조거팬츠 사이즈가 큽니다.

下着_{したぎ}

洗濯_{せんたく}した**下着_{したぎ}**をきれいにたたむ。

● 속옷

세탁한 속옷을 예쁘게 갠다.

水着_{みずぎ}

水着_{みずぎ}に着替_{きが}えて海_{うみ}に行_いきました。

● 수영복

수영복으로 갈아입고 바다에
갔습니다.

靴下_{くつした}

靴下_{くつした}に穴_{あな}が空_あいていますよ。

● 양말

양말에 구멍이 뚫려 있어요.

トレーナー 풀오버, 맨투맨

半_{はん}ズボン 반바지

パジャマ 잠옷, 파자마

花柄_{はながら} 꽃무늬

ストライプ 스트라이프, 줄무늬

チェック柄_{がら} 체크무늬

無地_{むじ} 민무늬

ポケット 주머니

靴
くつ

この靴を履いていると足が疲れません。

● 신발, 구두

이 신발을 신고 있으면 발이
피곤하지 않아요.

スニーカー

スニーカーの靴紐をしっかりと結びました。

● 스니커즈

스니커즈 운동화 끈을 꽉
묶었습니다.

ネクタイ

ユーチューブでネクタイの結び方を習いました。

● 넥타이

유튜브로 넥타이 매는 법을
배웠습니다.

眼鏡
めがね

眼鏡のレンズが厚いです。

● 안경

안경 렌즈가 두껍습니다.

コンタクトレンズ

目にコンタクトレンズを入れるのが難しいです。

● 콘택트렌즈

눈에 콘택트렌즈를 끼는 게
어렵습니다.

ベルト

ズボンのベルトをきつく締める。

● 벨트

바지의 벨트를 꽉 조인다.

マスク

外ではマスクを外してもいいです。

● 마스크

밖에서는 마스크를 벗어도
괜찮습니다.

手袋
てぶくろ

両手に手袋をつけました。
りょうて　てぶくろ

● 장갑

양손에 장갑을 끼웠습니다.

ぼうし

ぼうしを脱いであいさつをしました。
ぬ

● 모자

모자를 벗고 인사를
했습니다.

マフラー

小さな女の子がかわいいマフラーをしている。
ちい　おんな　こ

● 머플러, 목도리

어린 여자아이가 귀여운
목도리를 하고 있다.

財布
さい　ふ

財布には現金が入っています。
さい　ふ　げんきん　はい

● 지갑

지갑에는 현금이 들어
있습니다.

カバン

カバンのファスナーを開けてください。
あ

● 가방

가방 지퍼를 열어 주세요.

スーツケース

ホテルのフロントにスーツケースを預けました。
あず

● 슈트 케이스, 여행용
가방

호텔 프런트에 슈트 케이스를
맡겼습니다.

 플러스 어휘

サンダル 샌들	**ブーツ** 부츠	**スカーフ** 스카프
ハンカチ 손수건	**ファスナー** 지퍼	

탈착 동사

입다, 착용하다		벗다, 빼다
着る 입다	**上着** 상의 **ワンピース** 원피스	**脱ぐ** 벗다
はく 입다, 신다	**ズボン** 바지　　**スカート** 치마 **くつ** 신발　　**くつした** 양말	
かぶる 쓰다	**ぼうし** 모자	
する 하다	**マスク** 마스크 **時計** 손목시계　　**手袋** 장갑 **指輪** 반지　　**イヤリング** 귀걸이	
巻く 감다, 두르다 **する** 하다	**マフラー** 머플러, 목도리 **スカーフ** 스카프	**取る・外す** 빼다, 풀다
しめる 매다	**ネクタイ** 넥타이	
かける 쓰다	**眼鏡** 안경　　**サングラス** 선글라스	

着^きる

彼^{かれ}は地味^{じみ}なコートを着^きていました。

● 입다

그는 수수한 코트를 입고
있었습니다.

はく

スニーカーをはいてランニングします。

● 신다, (하의를) 입다

스니커즈를 신고 달립니다.

かぶる

犯人^{はんにん}は黒^{くろ}いぼうしをかぶっていた。

● (모자 등을) 쓰다

범인은 검정 모자를 쓰고
있었다.

つける

腕時計^{うでどけい}をつけるのを忘^{わす}れました。

● 차다, 달다

손목시계 차는 것을 깜빡
잊었습니다.

巻^まく

マフラーを巻^まいているから寒^{さむ}くないです。

● 감다, 두르다

목도리를 두르고 있어서 춥지
않습니다.

かける

日差^{ひざ}しが強^{つよ}いのでサングラスをかけています。

● 쓰다, 걸다

햇살이 강해서 선글라스를
쓰고 있습니다.

➕ 플러스 어휘

試着室^{しちゃくしつ} 탈의실, 피팅룸   着替^{きが}える 갈아 입다

脱ぐ
暑かったのでコートを**脱ぎました**。

⬤ 벗다
더워서 코트를 벗었습니다.

外す
手を洗うときに腕時計を**外しました**。

⬤ 풀다
손을 닦을 때 손목시계를 풀었습니다.

締める
パーカーのジッパーを**締める**。

⬤ 조이다, 채우다
파카의 지퍼를 채우다.

アクセサリー
アクセサリーを集めるのが趣味です。

⬤ 액세서리
액세서리를 모으는 것이 취미입니다.

指輪
彼女は薬指に**指輪**をつけています。

⬤ 반지
그녀는 약지에 반지를 끼고 있습니다.

イヤリング
祖母からもらった**イヤリング**を大事にしています。

⬤ 귀걸이
할머니한테 받은 귀걸이를 소중히 간직하고 있습니다.

➕ 플러스 어휘

宝石 보석	ピアス 피어스	ブレスレット 팔찌
ネックレス 목걸이	腕時計 손목시계	

時計
とけい

12時に**時計**台の前で待ち合わせしましょう。
じゅうにじ　　とけいだい　まえ　ま　あ

● 시계

열두 시에 시계탑 앞에서
만납시다.

サンプル

アクセサリーの**サンプル**が並べてあります。
なら

● 샘플

액세서리의 샘플이 진열되어
있습니다.

スタイル

このズボンをはくと**スタイル**がよく見えますよ。
み

● 스타일

이 바지를 입으면 스타일이
좋아 보여요.

気に入る
き　い

かわいい花のデザインが**気に入りました**。
はな　　　　　　き　い

● 마음에 들다

예쁜 꽃 디자인이 마음에
들었습니다.

似合う
に　あ

黄色のドレスがとても**似合って**います。
きいろ　　　　　　　　に　あ

● 어울리다

노란 드레스가 무척 잘
어울립니다.

デザイン

洋服の**デザイン**がユニークでかわいいです。
ようふく

● 디자인

양복 디자인이 독특하고
귀엽습니다.

形
かたち

このコートは**形**がきれいでおしゃれです。
かたち

● 모양, 형태

이 코트는 외형이 예쁘고
멋집니다.

同じだ

カバンと靴の色が同じです。

○ 같다

가방과 신발의 색이
같습니다.

違う

デザインは一緒ですが、色が違います。

○ 다르다

디자인은 같지만 색깔이
다릅니다.

長い

最近は、丈の長いコートが流行っています。

○ 길다

최근에는 기장이 긴 코트가
유행하고 있습니다.

短い

背が伸びたので、Ｔシャツの丈が短くなりました。

○ 짧다

키가 자라서 티셔츠의 기장이
짧아졌습니다.

派手だ

派手なワンピースを着てパーティーに行きました。

○ 화려하다

화려한 원피스를 입고 파티에
갔습니다.

地味だ

地味な色のスーツがいいです。

○ 수수하다

수수한 색깔의 슈트가
좋습니다.

鮮やかだ

社長は鮮やかな赤いジャケットを着ています。

○ 선명하다

사장님은 선명한 붉은색의
재킷을 입고 있습니다.

古<ruby>ふる</ruby>い

古<ruby>ふる</ruby>い腕<ruby>うで</ruby>時<ruby>ど</ruby>計<ruby>けい</ruby>を祖<ruby>そ</ruby>父<ruby>ふ</ruby>からもらいました。

오래되다, 낡다

할아버지에게 오래된
손목시계를 받았습니다.

かわいい

子<ruby>こ</ruby>どもの寝<ruby>ね</ruby>ている顔<ruby>かお</ruby>がとてもかわいいです。

귀엽다, 예쁘다

자고 있는 아이의 얼굴이
무척이나 귀엽습니다.

きれいだ

ドレスがきれいで気<ruby>き</ruby>に入<ruby>い</ruby>りました。

예쁘다

드레스가 예뻐서 마음에
들었습니다.

かっこいい

彼<ruby>かれ</ruby>は学<ruby>がっ</ruby>校<ruby>こう</ruby>で一<ruby>いち</ruby>番<ruby>ばん</ruby>かっこいい。

멋있다

그는 학교에서 제일 멋있다.

ハンサムだ

田<ruby>た</ruby>中<ruby>なか</ruby>さんの弟<ruby>おとうと</ruby>はすごくハンサムです。

잘생기다

다나카 씨의 남동생은 매우
잘생겼습니다.

플러스 어휘

キュートだ 귀엽다	スリムだ 날씬하다	カジュアルだ 캐주얼하다
クールだ 쿨하다	シンプルだ 심플하다	独<ruby>どく</ruby>特<ruby>とく</ruby>だ 독특하다
ユニークだ 유니크하다, 독특하다	珍<ruby>めずら</ruby>しい 희귀하다, 신기하다	

サイズ

もっと<ruby>大<rt>おお</rt></ruby>きい**サイズ**はありますか。

● 사이즈, 크기

더 큰 사이즈는 있나요?

<ruby>大<rt>おお</rt></ruby>きい

<ruby>靴<rt>くつ</rt></ruby>のサイズが<ruby>大<rt>おお</rt></ruby>**きくて**はきにくいです。

● 크다

신발의 사이즈가 커서 신고 다니기 힘듭니다.

<ruby>小<rt>ちい</rt></ruby>さい

<ruby>小<rt>ちい</rt></ruby>**さい**カバンに<ruby>携帯<rt>けいたい</rt></ruby>と<ruby>財布<rt>さいふ</rt></ruby>を<ruby>入<rt>い</rt></ruby>れました。

● 작다

작은 가방에 휴대 전화와 지갑을 넣었습니다.

ちょうどいい

<ruby>2 4cm<rt>にじゅうよんセンチ</rt></ruby>が**ちょうどいい**サイズでした。

● 딱 좋다

24cm가 딱 좋은 사이즈였습니다.

ぴったり

<ruby>靴<rt>くつ</rt></ruby>のサイズが**ぴったり**<ruby>合<rt>あ</rt></ruby>いました。

● 꼭, 딱

신발 사이즈가 딱 맞았습니다.

<ruby>普通<rt>ふ つう</rt></ruby>

スーツは<ruby>普通<rt>ふつう</rt></ruby>の<ruby>大<rt>おお</rt></ruby>きさです。

● 보통

정장은 보통 사이즈입니다.

＋ 플러스 어휘

<ruby>大<rt>おお</rt></ruby>きさ 크기	<ruby>合<rt>あ</rt></ruby>う 맞다

きつい

<ruby>運動靴<rt>うんどうぐつ</rt></ruby>が**きつくて**<ruby>足<rt>あし</rt></ruby>が<ruby>痛<rt>いた</rt></ruby>いです。

● 꽉 끼다

운동화가 꽉 껴서 발이
아픕니다.

<ruby>色<rt>いろ</rt></ruby>

あなたの<ruby>好<rt>す</rt></ruby>きな<ruby>色<rt>いろ</rt></ruby>は<ruby>何<rt>なん</rt></ruby>ですか。

● 색, 색깔

당신이 좋아하는 색은
무엇입니까?

<ruby>赤<rt>あか</rt></ruby>い

<ruby>赤<rt>あか</rt></ruby>いシャツを<ruby>着<rt>き</rt></ruby>ているのが<ruby>田中<rt>たなか</rt></ruby>さんですか。

● 붉다, 빨갛다

붉은 셔츠를 입고 있는
사람이 다나카 씨인가요?

<ruby>青<rt>あお</rt></ruby>い

<ruby>青<rt>あお</rt></ruby>いズボンは<ruby>今<rt>いま</rt></ruby><ruby>在庫<rt>ざいこ</rt></ruby>がありません。

● 파랗다

파란색 바지는 지금 재고가
없습니다.

<ruby>白<rt>しろ</rt></ruby>い

<ruby>白<rt>しろ</rt></ruby>い<ruby>運動靴<rt>うんどうぐつ</rt></ruby>が<ruby>泥<rt>どろ</rt></ruby>で<ruby>汚<rt>よご</rt></ruby>れました。

● 희다, 하얗다

흰 운동화가 진흙으로
더러워졌습니다.

➕ 플러스 어휘

14-26.mp3

<ruby>オレンジ色<rt>いろ</rt></ruby> 오렌지색

<ruby>黄色<rt>きいろ</rt></ruby>い 노랗다

<ruby>黒<rt>くろ</rt></ruby>い 검다

<ruby>茶色<rt>ちゃいろ</rt></ruby> 갈색

<ruby>灰色<rt>はいいろ</rt></ruby> 회색

ベージュ 베이지색

<ruby>紫<rt>むらさき</rt></ruby> 보라색

<ruby>金色<rt>きんいろ</rt></ruby> 금색

<ruby>銀色<rt>ぎんいろ</rt></ruby> 은색

緑色
みどりいろ

私が落とした財布は緑色です。
わたし　お　　　　　　さいふ　みどりいろ

○ 녹색, 초록색

내가 잃어버린 지갑은
초록색입니다.

ピンク

爪にピンクのマニキュアを塗りました。
つめ　　　　　　　　　　　　　ぬ

○ 분홍

손톱에 분홍색 매니큐어를
발랐습니다.

美容院
び　よういん

アプリで美容院を予約しました。
　　　　　びよういん　よやく

○ 미용실

앱으로 미용실을
예약했습니다.

髪の毛
かみ　け

そろそろ髪の毛を切りに行きたいです。
　　　　かみ　け　き　　い

○ 머리카락

슬슬 머리를 자르러 가고
싶습니다.

くし

くしで髪をとかします。
　　かみ

○ 빗

빗으로 머리를 빗습니다.

カット

今日はカットだけでお願いします。
きょう　　　　　　　　　ねが

○ 커트

오늘은 커트만 할게요.

パーマ

人生で初めてパーマをかけました。
じんせい　はじ

○ 파마

살면서 처음으로 파마를
했습니다.

染める
そ

美容院で若白髪を染めてもらいました。
びょういん　わかしら　が　　　　　　　そ

◉ 염색하다

미용실에서 새치를
염색했습니다.

髪色
かみ　いろ

どんな髪色にしますか。
かみいろ

◉ 머리 색깔

머리 색은 어떻게
하시겠습니까?

シャンプー

カットの前にシャンプーをする。
まえ

◉ 샴푸

커트 전에 샴푸를 한다.

ネイルサロン

ネイルサロンのインスタをチェックする。

◉ 네일 숍

네일 숍의 인스타그램을
체크한다.

ジェルネイル

明るい色のジェルネイルにしました。
あか　　いろ

◉ 젤 네일

밝은색의 젤 네일을
했습니다.

タトゥー

手首にタトゥーを入れました。
てくび　　　　　　　　い

◉ 타투, 문신

손목에 타투를 했습니다.

➕ 플러스 어휘 🐶　　　　　　　　　　　　　　　　14-29.mp3

若白髪 새치
わかしら　が

ティッシュ 티슈

トリートメント 트리트먼트

マニキュア 매니큐어

洗顔
せんがん

洗顔をした後、フェイスマスクをします。
せんがん　　あと

● 세수, 세안

세수를 한 후, 마스크팩을
합니다.

化粧
け しょう

出かける前に軽く化粧をします。
で　　　まえ　かる　け しょう

● 화장

외출하기 전에 가볍게 화장을
합니다.

塗る
ぬ

手が乾燥しているので、ハンドクリームを塗りました。
て　かんそう　　　　　　　　　　　　　　　　ぬ

● 바르다

손이 건조해서, 핸드크림을
발랐습니다.

乾く
かわ

長い髪の毛は乾くのに時間がかかります。
なが　かみ　け　かわ　　　　じ かん

● 마르다

긴 머리카락은 마르는 데
시간이 걸립니다.

플러스 어휘

化粧品 화장품 け しょうひん	化粧水 화장수, 스킨 け しょうすい	乳液 로션 にゅうえき
クリーム 크림	日焼け止め 선크림 ひ や ど	ファンデーション 파운데이션
香水 향수 こうすい	マスカラ 마스카라	アイシャドウ 아이섀도
口紅 립스틱 くちべに	フェイスマスク 마스크팩	

196

15 몸과 건강

病院 병원

レントゲン 엑스레이

骨折 골절

痛い 아프다

診察 진찰

医者 의사

患者 환자

けがをする 다치다

からだ
体

バレエを習っていたので体が柔らかいです。

● 몸

발레를 배운 적이 있어서
몸이 유연합니다.

あたま
頭

ぼうしが小さくて頭が入らない。

● 머리

모자가 작아서 머리가 안
들어간다.

かお
顔

今日は朝から顔がむくんでいます。

● 얼굴

오늘은 아침부터 얼굴이 부어
있습니다.

かみ
髪

彼女は長い髪がよく似合う。

● 머리(카락)

그녀는 긴 머리가 잘
어울린다.

まゆげ
眉毛

生まれた時から眉毛が濃いです。

● 눈썹

태어날 때부터 눈썹이
진합니다.

め
目

目が悪いので眼鏡をかけています。

● 눈

눈이 나빠서 안경을 쓰고
있습니다.

はな
鼻

花粉の季節は鼻がかゆくなります。

● 코

꽃가루의 계절에는 코가
간지러워집니다.

198

耳
おじいちゃんは耳が遠いです。

귀

할아버지는 귀가
어두우십니다.

口
口を大きく開けてください。

입

입을 크게 벌려 주세요.

歯
歯の間にネギが詰まっています。

이

이 사이에 파가 끼여
있습니다.

虫歯
虫歯の治療を受けています。

충치

충치 치료를 받고 있습니다.

喉
カラオケで歌いすぎて喉が痛い。

목

노래방에서 노래를 너무
불러서 목이 아프다.

肩
試合中に肩をけがしました。

어깨

시합 중에 어깨를
다쳤습니다.

플러스 어휘

おでこ 이마   ほっぺた 볼, 뺨   くちびる 입술

した 혀   あご 턱

腕
うで

天井に向かって腕を伸ばしてください。
てんじょう む うで の

● 팔

천장을 향해 팔을
뻗어 주세요.

手
て

子どもと手をつないで道を歩きます。
こ て みち ある

● 손

아이와 손을 잡고 길을
걷습니다.

指
ゆび

包丁で指を切ってしまった。
ほうちょう ゆび き

● 손가락

식칼에 손가락을 베이고
말았다.

腹
はら

腹周りの脂肪を落としたい。
はらまわ しぼう お

● 배

배 주위의 지방을 빼고 싶다.

背中
せ なか

走った後は背中から汗が出る。
はし あと せなか あせ で

● 등

달린 후에는 등에서 땀이
난다.

腰
こし

腰が痛いのでストレッチをする。
こし いた

● 허리

허리가 아파서 스트레칭을
한다.

➕ 플러스 어휘

| つめ 손톱 | ひじ 팔꿈치 | へそ 배꼽 |
| おしり 엉덩이 | 太もも 허벅지
ふと | あしくび 발목 |

ひざ

ひざまである長靴^{ながぐつ}をはいて畑^{はたけ}に行^いきます。

● 무릎

무릎까지 오는 장화를 신고
밭에 갑니다.

足^{あし}

足^{あし}が冷^{つめ}たいので、靴下^{くつした}をはきました。

● 발

발이 차서 양말을 신었습니다.

肌^{はだ}

彼女^{かのじょ}の肌^{はだ}はとてもきれいですね。

● 피부

그녀의 피부는 무척
깨끗하네요.

血^ち

傷口^{きずぐち}から血^ちが出^でています。

● 피

상처난 곳에서 피가 나고
있습니다.

筋肉^{きんにく}

筋肉^{きんにく}をつけるための運動^{うんどう}をしています。

● 근육

근육을 키우기 위한 운동을
하고 있습니다.

背^せ

牛乳^{ぎゅうにゅう}をたくさん飲^のんで背^せを高^{たか}くします。

● 키

우유를 많이 마셔서 키를
키웁니다.

플러스 어휘

15-07.mp3

背^せが高^{たか}い 키가 크다　　背^せが低^{ひく}い 키가 작다　　筋^{きん}トレ 근육 운동

体重
たいじゅう

アプリで**体重**の管理をしています。
たいじゅう　かんり

○ 체중

앱으로 체중 관리를 하고
있습니다.

はかる

風呂に入る前に、**体重をはかる**。
ふろ　はい　まえ　たいじゅう

○ 재다

목욕을 하기 전에
체중을 잰다.

太る
ふと

去年よりも３キロ**太り**ました。
きょねん　　　　さん　　ふと

○ 살찌다

작년보다 3kg 살이 쪘습니다.

やせる

運動をしてもなかなか**やせません**。
うんどう

○ 살이 빠지다

운동을 해도 좀처럼 살이
빠지지 않습니다.

太い
ふと

筋トレをして腕を**太く**する。
きん　　　　　うで　ふと

○ 굵다, 두껍다

근육 운동을 해서 팔을 굵게
만든다.

細い
ほそ

最近の子どもは足が**細い**ですね。
さいきん　こ　　　　あし　ほそ

○ 가늘다

요즘 아이들은 다리가
가느네요.

減らす
へ

健康のため、**体重を減らさなければ**なりません。
けんこう　　　　たいじゅう　へ

○ 줄이다

건강을 위해서 체중을 줄여야
합니다.

増やす
<ruby>増<rt>ふ</rt></ruby>やす

健康のため、会社の行き帰りに歩く時間を増やしています。

늘리다

건강을 위해 출퇴근 길에 걷는 시간을 늘렸습니다.

ダイエット

最近食べすぎたので、**ダイエット**を始めました。

다이어트

최근 너무 많이 먹어서 다이어트를 시작했습니다.

健康

健康が何よりも大切です。

건강

건강이 무엇보다도 중요합니다.

力

疲れているので、手に力がはいりません。

힘

피곤해서 손에 힘이 안 들어가요.

丈夫だ

彼は体が丈夫で、風邪を引いたことがない。

튼튼하다

그는 몸이 튼튼해서 감기에 걸린 적이 없다.

弱い

娘は小さい頃から体が弱い。

약하다

딸은 어릴 때부터 몸이 약하다.

体調

体調が悪くて薬を飲みました。

몸 상태, 컨디션

몸이 안 좋아서 약을 먹었습니다.

調子
ちょうし

手術を受けてから体の調子がよくなりました。
しゅじゅつ　う　　　　　からだ　ちょうし

● 상태

수술을 받고 나서 몸 상태가
좋아졌습니다.

病院
びょういん

病院のお医者さんは親切でした。
びょういん　　　いしゃ　　　　しんせつ

● 병원

병원 의사 선생님은
친절했습니다.

内科
ないか

げりをしたので、内科に行きました。
ないか　い

● 내과

설사를 해서 내과에
갔습니다.

整形外科
せいけいげか

整形外科で治療を受けました。
せいけいげか　ちりょう　う

● 정형외과

정형외과에서 치료를
받았습니다.

歯科
しか

今週末に歯科で親知らずを抜きます。
こんしゅうまつ　しか　おやし　　　ぬ

● 치과

이번 주말에 치과에서
사랑니를 뽑습니다.

＋ 플러스 어휘

外科 외과 げか	眼科 안과 がんか	皮膚科 피부과 ひふか
精神科 정신과 せいしんか	産婦人科 산부인과 さんふじんか	保険証 보험증 ほけんしょう
健康保険 건강 보험 けんこうほけん		

小児科
しょう に か

子どもが熱を出したので小児科に行きました。
こ　　　ねつ　だ　　　　　しょう に か　　い

● 소아과

아이가 열이 나서 소아과에
갔습니다.

医者
い しゃ

お医者さんが丁寧に診察してくれた。
い しゃ　　　ていねい　しんさつ

● 의사

의사 선생님이
정성껏 진찰해
주었다.

看護師
かん ご し

看護師が手術の準備をしています。
かん ご し　しゅじゅつ　じゅん び

● 간호사

간호사가 수술 준비를 하고
있습니다.

注射
ちゅうしゃ

右腕に注射を打ちました。
みぎうで　ちゅうしゃ　う

● 주사

오른팔에 주사를 맞았습니다.

ワクチン

ワクチンを打ってから右腕が痛いです。
う　　　　　みぎうで　いた

● 백신

백신을 맞고 나서 오른팔이
아픕니다.

薬
くすり

薬は1日3回、食後に飲んでください。
くすり　いちにちさんかい　しょく ご　の

● 약

약은 하루 세 번 식후에
드세요.

風邪薬 감기약 かぜ くすり	目薬 안약 め くすり	痛み止め 진통제 いた ど め
しっぷ 파스	包帯 붕대 ほうたい	飲む (약을) 먹다 の

患者
かんじゃ

患者が看護師を呼んでいます。
かんじゃ　かんごし　　よ

○ 환자

환자가 간호사를 부르고
있습니다.

病気
びょうき

病気を直すために病院に通っています。
びょうき　なお　　　　びょういん　かよ

○ 병

병을 치료하기 위해 병원에
다니고 있습니다.

痛い
いた

腹が**痛い**ので医者に診てもらいました。
はら　いた　　　　いしゃ　み

○ 아프다

배가 아파서 의사에게 진찰을
받았습니다.

ひどい

ひどい頭痛と吐き気がします。
ずつう　は　け

○ 심하다, 지독하다

심한 두통과 구역질이
납니다.

熱
ねつ

熱を下げるために解熱剤を飲みました。
ねつ　さ　　　　　げねつざい　の

○ 열

열을 내리기 위해서 해열제를
먹었습니다.

風邪
かぜ

風邪を引いて熱が出ました。
かぜ　ひ　　ねつ　で

○ 감기

감기에 걸려 열이 났습니다.

インフルエンザ

学校で**インフルエンザ**が流行っています。
がっこう　　　　　　　　　　　　はや

○ 인플루엔자, 독감

학교에서 독감이 유행하고
있습니다.

食中毒
しょくちゅうどく

食中毒を防ぐために肉をしっかり焼いた。

● 식중독

식중독 방지를 위해 고기를
바싹 구웠다.

骨折
こっせつ

交通事故で足と腕を骨折しました。

● 골절

교통사고로 다리와 팔이
골절되었습니다.

アレルギー

私はごまアレルギーがあるからこの料理は食べられ

ません。

● 알레르기

나는 깨 알레르기가 있어서
이 음식은 못 먹습니다.

めまい

歩けないくらいめまいがひどいです。

● 현기증, 어지럼증

걷지 못할 정도로 현기증이
심합니다.

寒気
さむけ

インフルエンザには寒気や頭痛などの症状があります。

● 오한

독감은 오한이나 두통 등의
증상이 있습니다.

せき

薬を飲んでもせきが止まりません。

● 기침

약을 먹어도 기침이 멈추지
않습니다.

➕ 플러스 어휘　　　　　　　　　　　　　　　　　　　15-16.mp3

頭痛 두통　　　　　　吐き気 구역질, 토기　　　　　吐く 토하다

げり 설사

207

鼻水
はな みず

熱はないけど、鼻水が出ます。
ねつ　　　　　　はなみず　で

○ 콧물

열은 없지만 콧물이 납니다.

傷口
きず ぐち

傷口を水で洗いました。
きずぐち　みず　あら

○ 상처

상처 부위를 물로 씻었습니다.

けが

交通事故でひどいけがをしました。
こうつう じ こ

○ 상처

교통사고로 심한 상처를 입었습니다.

入院
にゅう いん

母が入院してから2週間が経ちました。
はは　にゅういん　　　にしゅうかん　た

○ 입원

어머니가 입원하시고 2주가 지났습니다.

お見舞い
み ま

私は祖母のお見舞いに病院へ行きました。
わたし　そ ぼ　みま　びょういん　い

○ 병문안

나는 할머니 병문안으로 병원에 갔습니다.

検査
けん さ

胃の調子が悪いので検査を受ける。
い　ちょうし　わる　　　けんさ　う

○ 검사

속이 안 좋아서 검사를 받는다.

レントゲン

肺のレントゲンを撮る。
はい　　　　　　　と

○ 엑스레이

폐의 엑스레이 사진을 찍는다.

208

人間ドック
にんげん

人間ドックを受けることで病気を早く見つけること
にんげん　　　　　　　　う　　　　　　びょうき　はや　　み
ができます。

● 건강검진

건강검진을 받으면 병을 빨리
발견할 수 있습니다.

診察
しん さつ

この病院の**診察**は予約制です。
びょういん　しんさつ　よやくせい

● 진찰

이 병원 진찰은
예약제입니다.

手術
しゅ じゅつ

手術は無事成功しました。
しゅじゅつ　　ぶ じ せいこう

● 수술

수술은 무사히 성공했습니다.

手当て
て あ

お医者さんが患者の**手当て**をしました。
いしゃ　　　　かんじゃ　て あ

● 치료

의사가 환자를 치료했습니다.

治療
ち りょう

虫歯の**治療**はお金がかかります。
むしば　ちりょう　　かね

● 치료

충치 치료는 비용이 듭니다.

抜く
ぬ

検査をする時は体の力を**抜いて**ください。
けんさ　　　とき　からだ ちから ぬ

● 빼다

검사를 할 때는 몸의 힘을 빼
주세요.

治る
なお

薬を飲んでいたら花粉症が**治りました**。
くすり　の　　　　　　か ふんしょう　なお

● 낫다

약을 먹었더니 꽃가루
알레르기가 나았습니다.

退院
手術が終わったらすぐに退院できます。

● 퇴원

수술이 끝나면 곧바로 퇴원 가능합니다.

大事だ
定期的に医者にみてもらうことが大事です。

● 중요하다

정기적으로 의사에게 진찰을 받는 것이 중요합니다.

注意
医者の話を注意深く聞きました。

● 주의

의사의 말을 주의 깊게 들었습니다.

ストレス
ストレスがたまって夜も眠れません。

● 스트레스

스트레스가 쌓여서 밤에도 잠을 못 이룹니다.

たまる
仕事が忙しくて疲れがたまっています。

● 쌓이다

일이 바빠서 피로가 쌓여 있어요.

たばこ
ここでたばこを吸ってはいけません。

● 담배

여기에서 담배를 피우면 안 됩니다.

晴れる _は 맑게 개다

蒸し暑い _む_{あつ} 무덥다

天気 _{てん}_き 날씨

かさをさす 우산을 쓰다

雨が降る _{あめ}_ふ 비가 내리다

UNIT

16 자연과 날씨

地球
ちきゅう

地球温暖化は深刻な問題です。
ちきゅうおんだんか　しんこく　もんだい

● 지구

지구온난화는 심각한
문제입니다.

宇宙
うちゅう

宇宙についてのドキュメンタリーを見ました。
うちゅう　　　　　　　　　　　　　　み

● 우주

우주에 관한 다큐멘터리를
봤습니다.

海
うみ

鮮やかな色の魚が海の中を泳いでいます。
あざ　　いろ　さかな　うみ　なか　およ

● 바다

선명한 빛깔의 물고기가 바다
속을 헤엄치고 있습니다.

川
かわ

小さい川が私の家の前を流れています。
ちい　　かわ　わたし　いえ　まえ　なが

● 강

작은 강이 우리 집 앞을
흐르고 있습니다.

深い
ふか

この辺りは海が深くて危ないです。
あた　うみ　ふか　　あぶ

● 깊다

이 주변의 바다는 깊어서
위험합니다.

山
やま

山からくまが降りてきました。
やま　　　　　　　お

● 산

산에서 곰이 내려왔습니다.

空
そら

大きなタカが空を飛んでいる。
おお　　　　　そら　と

● 하늘

큰 매가 하늘을 날고 있다.

212

日
^ひ

^{うみ}海に行って^ひ日が^{のぼ}昇るのを^み見ました。

● 해
바다에 가서 해 뜨는 것을
봤습니다.

月
^{つき}

^{こんばん}今晩は^{まる}丸い^{つき}月が^で出ています。

● 달
오늘 밤은 둥근 달이 떠
있습니다.

星
^{ほし}

^{よる}夜になったらきれいな^{ほし}星が^み見えます。

● 별
밤이 되면 예쁜 별이
보입니다.

雲
^{くも}

^{しろ}白い^{くも}雲が^{そら}空に^う浮かんでいる。

● 구름
하늘에 흰 구름이 떠 있다.

+ 플러스 어휘   16-03.mp3

^{しぜん}自然 자연	^{かんきょう}環境 환경	^{おせん}汚染 오염
^{たいよう}太陽 태양	^{ひかり}光 빛	^{もり}森 숲
^{つち}土 흙, 땅	^{おか}丘 언덕	^{いし}石 돌
^{いわ}岩 바위	^{こおり}氷 얼음	^{なみ}波 파도
^{うみべ}海辺 해변	^{しま}島 섬	^{みずうみ}湖 호수
^{いけ}池 연못	^{たに}谷 계곡	^{ビーエムにてんご}ＰＭ２．５ 초미세먼지

空気
くうき

PM2.5のせいで**空気**が汚れている。
ピーエム にてんご　　　　　　　くうき　よご

◯ 공기

초미세먼지 때문에 공기가
오염되어 있다.

季節
きせつ

春から夏へと**季節**が移り変わる。
はる　なつ　　　きせつ　うつ　か

◯ 계절

봄에서 여름으로 계절이
바뀐다.

春
はる

春になったら、公園で花見をしましょう。
はる　　　　　　こうえん　はなみ

◯ 봄

봄이 되면 공원에서 꽃구경을
합시다.

夏
なつ

もうすぐ**夏**が終わります。
なつ　お

◯ 여름

이제 곧 여름이 끝납니다.

秋
あき

秋の旬の果物には何がありますか。
あき　しゅん　くだもの　　なに

◯ 가을

가을 제철 과일에는 뭐가
있나요?

冬
ふゆ

冬は寒くて暖房をたくさん使います。
ふゆ　さむ　　だんぼう　　　　つか

◯ 겨울

겨울에는 추워서 난방 기구를
많이 사용합니다.

景色
けしき

美しい**景色**を見ながらお酒を飲みます。
うつく　けしき　み　　　　さけ　の

◯ 경치

아름다운 경치를 보며 술을
마십니다.

天気<ruby>て<rt>て</rt></ruby>

てん き
天気がいいので、<ruby>外<rt>そと</rt></ruby>で<ruby>遊<rt>あそ</rt></ruby>びましょう。

● 날씨

날씨가 좋으니 밖에서
놉시다.

天気予報

きょう　　てん き よ ほう　　はず
<ruby>今日<rt>きょう</rt></ruby>は**天気予報**が<ruby>外<rt>はず</rt></ruby>れました。

● 일기예보

오늘은 일기예보가
빗나갔습니다.

暑い

あつ ひ　つめ　　の　もの
暑い<ruby>日<rt>ひ</rt></ruby>は<ruby>冷<rt>つめ</rt></ruby>たい<ruby>飲<rt>の</rt></ruby>み<ruby>物<rt>もの</rt></ruby>がほしくなります。

● 덥다

더운 날에는 차가운 음료를
원하게 됩니다.

蒸し暑い

つゆ　　お　　　　まいにち む　あつ
<ruby>梅雨<rt>つゆ</rt></ruby>が<ruby>終<rt>お</rt></ruby>わってから<ruby>毎日<rt>まいにち</rt></ruby>**蒸し暑い**です。

● 무덥다, 찌는 듯이 덥다

장마가 끝나고 나서 매일
무덥습니다.

暖かい

ことし　ふゆ　　　　　　　あたた
<ruby>今年<rt>ことし</rt></ruby>の<ruby>冬<rt>ふゆ</rt></ruby>はいつもより**暖かい**です。

● 따뜻하다

올겨울은 여느 때보다
따뜻합니다.

涼しい

ひる　あつ　　　　　　よる　すず
<ruby>昼<rt>ひる</rt></ruby>は<ruby>暑<rt>あつ</rt></ruby>いですが、<ruby>夜<rt>よる</rt></ruby>は**涼しい**です。

● 시원하다

낮은 덥지만 밤은
시원합니다.

寒い

さむ
だんだん**寒く**なってきました。

● 춥다

점점 추워지고 있습니다.

215

晴れる
明日は晴れるでしょう。

(맑게) 개다
내일은 맑겠지요.

曇る
空が曇っていて月が見えません。

흐리다
하늘이 흐려서 달이 보이지 않습니다.

風
風がさわやかで気持ちいいです。

바람
상쾌한 바람이 불어서 기분이 좋습니다.

強い
ゆうべ強い風が吹きました。

강하다
어젯밤 강한 바람이 불었습니다.

吹く
森に入ると涼しい風が吹いていた。

불다
숲에 들어가니 시원한 바람이 불고 있었다.

雷
遠くから雷の音が聞こえます。

천둥
멀리서 천둥 소리가 들립니다.

雨
突然雨が降り出しました。

비
갑자기 비가 내리기 시작했습니다.

216

雪
ゆき

雪のせいで電車が止まっています。

● 눈

눈 때문에 전철이 멈춰서
있습니다.

降る
ふ

今年は雪があまり**降りません**でした。

● (눈·비 등이) 내리다

올해는 눈이 별로 내리지
않았습니다.

かさ

雨が降りだしたので**かさ**をさしました。

● 우산

갑자기 비가 내리기 시작해서
우산을 썼습니다.

やむ

雨が**やむ**までここで待っていましょう。

● (눈·비 등이) 멎다,
그치다

비가 그칠 때까지 여기서
기다립시다.

濡れる
ぬ

黒いジャケットが雨で**濡れました**。

● 젖다

검은 재킷이 비에
젖었습니다.

＋ 플러스 어휘

16-08.mp3

強風 강풍
きょうふう

雷雨 뇌우
らいう

稲妻 번개
いなずま

大雨 폭우
おおあめ

大雪 폭설
おおゆき

にわか雨 소나기
あめ

にじ 무지개

雨具 비옷, 우비
あまぐ

217

動物 동물

植物 식물

モンステラ
몬스테라

猫 고양이

あひる 집오리

ひよこ 병아리

犬 개

17 동물과 식물

さくら 벚꽃

木 き 나무

うさぎ 토끼

花 はな 꽃

動物
どうぶつ

図鑑を見て**動物**の名前を覚える。
ずかん み どうぶつ なまえ おぼ

동물
도감을 보고 동물 이름을
외운다.

犬
いぬ

うちには**犬**や猫などがいます。
いぬ ねこ

개
우리집에는
개랑 고양이
등이 있어요.

猫
ねこ

猫はえさを食べてすぐに寝ました。
ねこ た ね

고양이
고양이는 먹이를 먹고 바로
잤습니다.

牛
うし

北海道の牧場には**牛**がたくさんいます。
ほっかいどう ぼくじょう うし

소
홋카이도의 목장에는 소가
많이 있습니다.

馬
うま

人生で一度は**馬**に乗ってみたいです。
じんせい いちど うま の

말
살면서 한번은 말을 타 보고
싶습니다.

플러스 어휘   17-02.mp3

うさぎ 토끼	きつね 여우	くま 곰
さる 원숭이	しか 사슴	ぞう 코끼리
ねずみ 쥐	ひつじ 양	ライオン 사자
パンダ 판다	へび 뱀	子犬 강아지 こいぬ
子猫 새끼 고양이 こねこ		

豚
ぶた

私は野生の豚を見たことがありません。
わたし　やせい　ぶた　み

🔵 돼지

저는 야생 돼지를 본 적이
없습니다.

とら

とらの親子が歩いています。
おやこ　ある

🔵 호랑이

어미와 새끼 호랑이가
걸어가고 있습니다.

鳥
とり

窓の外から鳥の鳴き声が聞こえました。
まど　そと　とり　な　ごえ　き

🔵 새

창 밖에서 새 울음소리가
들렸습니다.

鶏
にわとり

鶏は毎朝卵を産んでいます。
にわとり　まいあさたまご　う

🔵 닭

닭은 아침마다 알을 낳고
있습니다.

からす

からすが畑の野菜を狙っています。
はたけ　や さい　ねら

🔵 까마귀

까마귀가 밭의 채소를 노리고
있습니다.

+ 플러스 어휘

かめ 거북이	かえる 개구리	わに 악어
くじら 고래	いるか 돌고래	さめ 상어
あひる 집오리	かも 오리	かもめ 갈매기
すずめ 참새	たか 매	つる 학
はと 비둘기	ひよこ 병아리	ペンギン 펭귄

鳴く
な

鳥がきれいな声で鳴いています。
とり　　　　　　こえ　な

○ 울다, 지저귀다

새가 예쁜 소리로 울고
있습니다.

飛ぶ
と

川の近くで蛍が飛んでいます。
かわ　ちか　　ほたる　と

○ 날다

강 근처에서 반딧불이가 날고
있습니다.

昆虫
こん ちゅう

チョウは昆虫の一種です。
こんちゅう　いっしゅ

○ 곤충

나비는 곤충의 일종입니다.

トンボ

虫取り網でトンボを捕まえた。
むし と　　あみ　　　　　つか

○ 잠자리

잠자리채로
잠자리를 잡았다.

セミ

公園にセミをとりに出かけました。
こうえん　　　　　　　　で

○ 매미

공원에 매미를 잡으러
나갔습니다.

➕ 플러스 어휘　　　　　　　　　　　　　　　　　　　　　　

| ちょう 나비 | はち 벌 | ほたる 반딧불이 |
| ごきぶり 바퀴벌레 | はえ 파리 | |

虫
むし

小さい頃から**虫**が苦手です。
ちい　ころ　　　むし　にがて

● 벌레

어릴 때부터 벌레를
싫어합니다.

蚊
か

寝ている間に**蚊**に刺されました。
ね　　　あいだ　か　さ

● 모기

자고 있는 사이에 모기한테
물렸습니다.

生まれる
う

動物園でライオンの赤ちゃんが**生まれました**。
どうぶつえん　　　　　　あか　　　　　　う

● 태어나다

동물원에서 아기 사자가
태어났습니다.

生きる
い

カメは３０年以上**生きます**。
さんじゅうねん　い　じょう　い

● 살다

거북이는 30년 이상 삽니다.

死ぬ
し

昨日、飼っていた金魚が**死にました**。
きのう　か　　　　きんぎょ　し

● 죽다

어제, 기르던 금붕어가
죽었습니다.

動く
うご

殺虫剤をかけたのにまだ**虫**が**動いて**います。
さっちゅうざい　　　　　　　　むし　うご

● 움직이다

살충제를 뿌렸는데 아직
벌레가 움직이고 있습니다.

止まる
と

鳥が木に**止まって**います。
とり　き　と

● 멈추다,
(새, 벌레 등이) 앉다

새가 나무에 앉아 있습니다.

ペット

ペットと過ごす毎日は楽しいです。

⬤ 반려동물, 애완동물

반려동물과 지내는
하루하루는 즐겁습니다.

飼う

祖母は家で犬を飼っています。

⬤ 기르다, 키우다

할머니는 집에서 개를 키우고
있습니다.

えさ

猫がえさの時間を待っています。

⬤ 먹이

고양이가 먹이 먹을 시간을
기다리고 있습니다.

植物

その学者は植物の研究をしています。

⬤ 식물

그 학자는 식물을 연구하고
있습니다.

植える

畑にいろんな種類の野菜を植えました。

⬤ 심다

밭에 여러 종류의 채소를
심었습니다.

畑

一日中畑を耕しました。

⬤ 밭

온종일 밭을 갈았습니다.

木

木を植えるボランティアをしています。

⬤ 나무

나무를 심는 자원봉사 활동을
하고 있습니다.

葉
は

葉の色が赤色に変わっている。
は いろ あかいろ か

● 잎

나뭇잎 색이 빨간색으로
변했다.

落ち葉
お ば

ほうきで落ち葉を掃除しました。
お ば そうじ

● 낙엽

빗자루로 낙엽을
청소했습니다.

紅葉
もみじ

もうすぐ紅葉の季節が始まります。
もみじ きせつ はじ

● 단풍

이제 곧 단풍 시즌이
시작됩니다.

折る
お

子どもたちが木の枝を折りました。
こ き えだ お

● 꺾다

아이들이 나뭇가지를
꺾었습니다.

モンステラ

モンステラが元気に育っています。
げんき そだ

● 몬스테라

몬스테라가 잘 자라고
있습니다.

 플러스 어휘

種 씨앗, 씨
たね

 芽 싹
め

枝 가지
えだ

根 뿌리
ね

実 열매
み

竹 대나무
たけ

松 소나무
まつ

紅葉狩り 단풍놀이
もみじ が

花
はな

チューリップから花のいいにおいがします。

● 꽃

툴립에서 꽃의 좋은 향기가
납니다.

咲く
さ

さくらが**咲いたら**花見に行きましょう。

● 피다

벚꽃이 피면 꽃놀이를
갑시다.

花束
はな たば

彼女に大きな**花束**を贈りました。
かのじょ おお はなたば おく

● 꽃다발

그녀에게 큰 꽃다발을
선물했습니다.

さくら

川沿いに**さくら**の木が生えています。
かわ ぞ き は

● 벚꽃

강변에 벚나무가 자라고
있습니다.

バラ

珍しい色の**バラ**をもらいました。
めずら いろ

● 장미

희귀한 색의 장미를
받았습니다.

+ 플러스 어휘!

花びら 꽃잎
はな

朝顔 나팔꽃
あさがお

つばき 동백꽃

花見 꽃놀이
はな み

梅 매화
うめ

ひまわり 해바라기

たんぽぽ 민들레

自_じ由_{ゆう} 자유

平_{へい}和_わ 평화

憲_{けん}法_{ぼう} 헌법

世_せ界_{かい} 세계

UNIT

18 정치·사회·경제·국제

政治
せい じ

政治に関心を持っています。
せいじ かんしん も

● 정치

정치에 관심을 가지고
있습니다.

政府
せい ふ

政府が新しい法律を発表しました。
せいふ あたら ほうりつ はっぴょう

● 정부

정부가 새로운 법률을
발표했습니다.

内閣
ない かく

内閣の支持率は下がっています。
ないかく しじりつ さ

● 내각

내각의 지지율은 떨어져
있습니다.

国会
こっ かい

国会の様子はテレビ中継されました。
こっかい ようす ちゅうけい

● 국회

국회의 모습은 텔레비전으로
중계되었습니다.

裁判所
さい ばん しょ

記者が裁判所に集まっています。
きしゃ さいばんしょ あつ

● 재판소, 법원

기자들이 법원에 모여
있습니다.

民主主義
みん しゅ しゅ ぎ

韓国の民主主義について勉強しました。
かんこく みんしゅしゅぎ べんきょう

● 민주주의

한국의 민주주의에 관해
공부했습니다.

自由
じ ゆう

私たちには言論の自由があります。
わたし げんろん じゆう

● 자유

우리에게는 언론의 자유가
있습니다.

憲法
けん ぽう

私たちの権利は憲法で守られている。
わたし　　　　けん り　　けんぽう　　まも

● 헌법

우리의 권리는 헌법으로
지켜지고 있다.

規則
き そく

決められた規則を守りましょう。
き　　　　　　き そく　　まも

● 규칙

정해진 규칙을 지킵시다.

決める
き

始める前にいくつかルールを決めておきます。
はじ　　まえ　　　　　　　　　　　き

● 정하다

시작하기 전에 몇 가지
규칙을 정해 놓겠습니다.

大統領
だい とう りょう

大統領は若者から人気がありました。
だいとうりょう　わかもの　　にん き

● 대통령

대통령은 청년들한테 인기가
있었습니다.

首相
しゅ しょう

首相は国民の支持を失いました。
しゅしょう　こくみん　し じ　　うしな

● 수상, 총리

총리는 국민의 지지를
잃었습니다.

与党
よ とう

野党は与党の意見に反対しました。
や とう　よ とう　い けん　　はんたい

● 여당

야당은 여당의 의견에
반대했습니다.

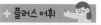 플러스 어휘

18-03.mp3

| 法律 법률 | ルール 룰, 규칙 | 野党 야당 |
| ほうりつ | | や とう |

選挙
せんきょ

日本では18歳から選挙に参加することができます。
にほん　　　　じゅうはっさい　　　せんきょ　　さんか

● 선거

일본에서는 18세부터 선거에
참여할 수 있습니다.

投票
とうひょう

だれに投票するか迷っています。
　　　とうひょう　　　　まよ

● 투표

누구에게 투표할지 고민하고
있습니다.

時代
じだい

今の時代はとても変化が激しいです。
いま　じだい　　　　　へんか　　はげ

● 시대

지금 시대는 변화가 매우
심합니다.

平和だ
へいわ

戦争のない平和な世界を作りましょう。
せんそう　　　　へいわ　せかい　　つく

● 평화롭다

전쟁이 없는 평화로운 세상을
만듭시다.

戦争
せんそう

その戦争は経済に大きな影響を与えた。
　　せんそう　けいざい　おお　　えいきょう　あた

● 전쟁

그 전쟁은 경제에 큰 영향을
주었다.

社会
しゃかい

社会全体のデジタル化が急速に進んでいる。
しゃかいぜんたい　　　　　か　きゅうそく　すす

● 사회

사회 전체의 디지털화가
급속하게 진행되고 있다.

首都
しゅと

ドイツの首都はどこですか。
　　　しゅと

● 수도

독일의 수도는 어디인가요?

都会

と かい

とかい せいかつ　　　　　　　　　 な
都会の生活にようやく慣れてきました。

● 도시

도시 생활에 이제 겨우
익숙해졌습니다.

都市

と し

　　　　　とし　みりょく
それぞれの都市に魅力があります。

● 도시

각각 도시에 매력이
있습니다.

田舎

いなか

いなか　く　　　あこが
田舎の暮らしに憧れています。

● 시골

시골 생활을 동경하고
있습니다.

村

むら

　　むら　　　ろうじん　　　　　　す
この村には老人がたくさん住んでいます。

● 마을

이 마을에는 노인이 많이
살고 있습니다.

地方

ち ほう

とかい　はな　　ちほう　く
都会を離れて地方で暮らすことにしました。

● 지방

도시를 떠나 지방에서 살기로
했습니다.

国際

こく さい

　　ほうりつ　こくさいしゃかい　　ひはん　う
その法律は国際社会から批判を受けた。

● 국제

그 법률은 국제 사회로부터
비판을 받았다.

大使館

たい し かん

　　　　　　　たいしかん　と　あ
ビザについて大使館に問い合わせました。

● 대사관

비자에 관해서 대사관에
문의했습니다.

世界
せかい

この事業は**世界**が注目しています。
じぎょう せかい ちゅうもく

● 세계

이 사업은 세계가 주목하고 있습니다.

国
くに

うちの学校にはいろんな**国**の留学生がいます。
がっこう くに りゅうがくせい

● 나라

우리 학교에는 여러 나라의 유학생들이 있습니다.

韓国
かんこく

韓国のネット速度は日本より速いです。
かんこく そくど にほん はや

● 한국

한국의 인터넷 속도는 일본보다 빠릅니다.

アメリカ

果物や牛肉は**アメリカ**産です。
くだもの ぎゅうにく さん

● 미국

과일이랑 소고기는 미국산입니다.

플러스 어휘

アジア 아시아	アフリカ 아프리카	ヨーロッパ 유럽
オセアニア 오세아니아	イギリス 영국	北朝鮮 북한 きたちょうせん
中国 중국 ちゅうごく	ドイツ 독일	ベトナム 베트남
フランス 프랑스	オランダ 네덜란드	スペイン 스페인
オーストラリア 오스트레일리아	ブラジル 브라질	メキシコ 멕시코
カナダ 캐나다	インド 인도	南アフリカ 남아공 みなみ

外国
がいこく

イギリスに留学するまで**外国**に行ったことがありませんでした。

● 외국

영국에 유학가기 전까지
외국에 가 본 적이
없었습니다.

国民
こくみん

大統領は**国民**が決めます。

● 국민

대통령은 국민이 정합니다.

市民
しみん

市民が広場に集まっています。

● 시민

시민들이 광장에 모여
있습니다.

Z世代
ゼットせだい

１９９６年から２０１０年の間に生まれた世代を**Z世代**といいます。

● Z세대

1996년부터 2010년 사이에
태어난 세대를 Z세대라고
합니다.

高齢化
こうれいか

政府は**高齢化**への対応を考えています。

● 고령화

정부는 고령화의 대응 방안을
생각하고 있습니다.

少子化
しょうしか

少子化が急速に進んでいます。

● 저출생, 저출산

저출생이 빠른 속도로
진행되고 있습니다.

 플러스 어휘

18-09.mp3

人口 인구
じんこう

調査 조사
ちょうさ

増_ふえる

この町_{まち}を訪_{おとず}れる観光客_{かんこうきゃく}が増_ふえています。

● 늘다

이 마을을 방문하는 관광객이 늘고 있습니다.

減_へる

最近_{さいきん}、子_こどもの数_{かず}が減_へってきています。

● 줄다

최근 아이들의 수가 점점 줄어들고 있습니다.

歴史_{れきし}

歴史_{れきし}の本_{ほん}を買_かい集_{あつ}めました。

● 역사

역사책을 사 모았습니다.

文化_{ぶんか}

世界一周_{せかいいっしゅう}をしていろいろな国_{くに}の文化_{ぶんか}に触_ふれました。

● 문화

세계 일주를 하면서 여러 나라의 문화를 접했습니다.

保険_{ほけん}

海外旅行_{かいがいりょこう}に行_いく前_{まえ}に保険_{ほけん}に入_{はい}っておきましょう。

● 보험

해외여행을 가기 전에 보험을 들어 둡시다.

経済_{けいざい}

経済_{けいざい}に興味_{きょうみ}があります。

● 경제

경제에 관심이 있습니다.

景気_{けいき}

景気_{けいき}が悪_{わる}い時_{とき}は株価_{かぶか}が下_さがります。

● 경기

경기가 나쁠 때는 주가가 내려갑니다.

不況
<ruby>不<rt>ふ</rt></ruby><ruby>況<rt>きょう</rt></ruby>

2<ruby>年<rt>ねん</rt></ruby><ruby>前<rt>まえ</rt></ruby>から**不況**が<ruby>続<rt>つづ</rt></ruby>いています。

● 불황

2년 전부터 불황이 이어지고
있습니다.

黒字
<ruby>黒<rt>くろ</rt></ruby><ruby>字<rt>じ</rt></ruby>

<ruby>来<rt>らい</rt></ruby><ruby>年<rt>ねん</rt></ruby>の<ruby>経<rt>けい</rt></ruby><ruby>営<rt>えい</rt></ruby>は**黒字**になるように<ruby>努<rt>ど</rt></ruby><ruby>力<rt>りょく</rt></ruby>をします。

● 흑자

내년의 경영은 흑자가 될 수
있도록 노력하겠습니다.

生産
<ruby>生<rt>せい</rt></ruby><ruby>産<rt>さん</rt></ruby>

<ruby>去<rt>きょ</rt></ruby><ruby>年<rt>ねん</rt></ruby>から<ruby>米<rt>こめ</rt></ruby>の**生産**<ruby>量<rt>りょう</rt></ruby>が<ruby>増<rt>ふ</rt></ruby>えました。

● 생산

작년부터 쌀 생산량이
늘었습니다.

供給
<ruby>供<rt>きょう</rt></ruby><ruby>給<rt>きゅう</rt></ruby>

<ruby>需<rt>じゅ</rt></ruby><ruby>要<rt>よう</rt></ruby>と**供給**のバランスを<ruby>保<rt>たも</rt></ruby>っています。

● 공급

수요와 공급의 밸런스를
유지하고 있습니다.

輸出
<ruby>輸<rt>ゆ</rt></ruby><ruby>出<rt>しゅつ</rt></ruby>

この<ruby>会<rt>かい</rt></ruby><ruby>社<rt>しゃ</rt></ruby>は<ruby>自<rt>じ</rt></ruby><ruby>動<rt>どう</rt></ruby><ruby>車<rt>しゃ</rt></ruby>を<ruby>海<rt>かい</rt></ruby><ruby>外<rt>がい</rt></ruby>に**輸出**しています。

● 수출

이 회사는 자동차를 해외에
수출하고 있습니다.

株
<ruby>株<rt>かぶ</rt></ruby>

<ruby>有<rt>ゆう</rt></ruby><ruby>名<rt>めい</rt></ruby>な<ruby>企<rt>き</rt></ruby><ruby>業<rt>ぎょう</rt></ruby>の**株**を<ruby>買<rt>か</rt></ruby>いました。

● 주, 주식

유명한 기업의 주식을
샀습니다.

<ruby>赤<rt>あか</rt></ruby><ruby>字<rt>じ</rt></ruby> 적자

<ruby>需<rt>じゅ</rt></ruby><ruby>要<rt>よう</rt></ruby> 수요

<ruby>輸<rt>ゆ</rt></ruby><ruby>入<rt>にゅう</rt></ruby> 수입

<ruby>株<rt>かぶ</rt></ruby><ruby>価<rt>か</rt></ruby> 주가

<ruby>株<rt>かぶ</rt></ruby><ruby>式<rt>しき</rt></ruby> 주식

貿易

妹は**貿易**関係の仕事をしています。

무역

여동생은 무역 관련 일을
하고 있습니다.

投資

貯金を増やすために**投資**をしました。

투자

저금을 늘리기 위해 투자를
했습니다.

金融

卒業後は**金融**機関で働くつもりです。

금융

졸업 후에는 금융기관에서
일할 생각입니다.

産業

沖縄では観光**産業**が盛んです。

산업

오키나와는 관광 산업이
활성화되어 있습니다.

農業

父は仕事をやめて**農業**を始めました。

농업

아빠는 일을 그만두고 농업을
시작했습니다.

工業

この地域は**工業**が発展しています。

공업

이 지역은 공업이
발전했습니다.

物価

都心に比べて地方の**物価**は安いです。

물가

도시에 비해서 지방의 물가는
쌉니다.

19 돌발 상황

犯罪 범죄

どろぼう 도둑

警察 경찰

事件
じ けん

刑事が**事件**を調査しています。
けい じ　じ けん　ちょう さ

○ 사건

형사가 사건을 조사하고
있습니다.

犯罪
はん ざい

未成年の**犯罪**は減っています。
み せいねん　はん ざい　へ

○ 범죄

미성년자의 범죄는 줄고
있습니다.

罪
つみ

彼は大変な**罪**を犯しました。
かれ　たいへん　つみ　おか

○ 죄

그는 큰 죄를 지었습니다.

犯人
はん にん

犯人は凶器を持っていました。
はんにん　きょう き　も

○ 범인

범인은 흉기를 들고
있었습니다.

警察
けい さつ

落とし物を**警察**に届けました。
お　もの　けいさつ　とど

○ 경찰

분실물을 경찰에
신고했습니다.

逮捕
たい ほ

やっと犯人が**逮捕**されました。
はんにん　たい ほ

○ 체포

드디어 범인이
체포되었습니다.

罰金
ばっ きん

スピード違反で一万円の**罰金**を取られました。
い はん　いちまんえん　ばっきん　と

○ 벌금

속도위반으로 벌금 만 엔을
물었습니다.

どろぼう

家を空けている間にどろぼうが入った。

● 도둑

집을 비운 사이에 도둑이
들어왔다.

暴力

何があっても暴力はいけない。

● 폭력

어떤 일이 있어도 폭력은
안 된다.

うそ

うそがばれて警察に捕まりました。

● 거짓말

거짓말이 들통나서 경찰에
붙잡혔습니다.

だます

彼はうそをついて私をだました。

● 속이다

그는 거짓말을 해서 나를
속였다.

詐欺

お年寄りを狙った詐欺が増えている。

● 사기

어르신을 노린 사기가 늘고
있다.

殺人

マンションの近くで殺人事件がありました。

● 살인

아파트 근처에서 살인 사건이
있었습니다.

誘拐

子どもは3日前に誘拐された。

● 유괴

아이는 3일 전에 유괴되었다.

行方不明
ゆくえ ふめい

昨日の大雨で3人が**行方不明**になりました。
きのう おおあめ さんにん ゆくえ ふめい

행방불명

어제 내린 폭우 때문에
세 명이 행방불명되었습니다.

事故
じ こ

この辺りで**事故**が起きたそうです。
あた じこ お

사고

이 근처에서 사고가 났다고
합니다.

交通事故
こう つう じ こ

交通事故を起こさないように気をつけて運転しましょう。
こうつう じ こ お き うんてん

교통사고

교통사고를 일으키지 않도록
조심해서 운전합시다.

飲酒運転
いん しゅ うん てん

警察が**飲酒運転**の取り締まりをしています。
けいさつ いんしゅうんてん と し

음주 운전

경찰이 음주 운전 단속을
하고 있습니다.

状況
じょうきょう

警察に事故の**状況**を説明しました。
けいさつ じ こ じょうきょう せつめい

상황

경찰에게 사고 상황을
설명했습니다.

気をつける
き

車を運転する時は安全に**気をつけ**ましょう。
くるま うんてん とき あんぜん き

주의하다, 조심하다

차를 운전할 때는 안전에
주의합시다.

じゃま

絶対に運転者の**じゃま**をしてはいけません。
ぜったい うんてんしゃ

방해

절대로 운전자를 방해해선 안
됩니다.

240

救急車
きゅうきゅうしゃ

私は急いで**救急車**を呼びました。
わたし いそ きゅうきゅうしゃ よ

● 구급차

나는 서둘러 구급차를
불렀습니다.

火事
か じ

火事が起きたので消防車を
か じ お しょうぼうしゃ
呼んでください。
よ

● 화재

불이 났으니 소방차를
불러 주세요.

火
ひ

たばこの**火**を消してから捨てました。
ひ け す

● 불

담뱃불을 끄고 나서
버렸습니다.

燃える
も

山火事で山が激しく**燃え**ています。
やま か じ やま はげ も

● 타다

산불로 산이 거세게 타고
있습니다.

消防士
しょう ぼう し

消防士はすぐに火を消しました。
しょうぼう し ひ け

● 소방관

소방관은 곧바로 불을
껐습니다.

非常口
ひ じょうぐち

非常口の前に消火器が置いてあります。
ひじょうぐち まえ しょうかき お

● 비상구

비상구 앞에 소화기가 놓여
있습니다.

災難
さい なん

こんな**災難**にあうとは思っていなかった。
さいなん おも

● 재난

이런 재난을 겪을 거라고는
생각하지 못했다.

災害
災害に備えて食料と水を用意します。

● 재해

재해에 대비해서 식료품과
물을 준비합니다.

被災地
売上げの一部を被災地に寄付しました。

● 재해 지역, 재난 지역

매출의 일부를 재해 지역에
기부했습니다.

地震
日本は他の国に比べて地震が多いです。

● 지진

일본은 다른 나라에 비해서
지진이 많습니다.

台風
沖縄に台風が近づいている。

● 태풍

오키나와에 태풍이 다가오고
있다.

津波
津波でたくさんの家が流されました。

● 쓰나미, 해일

해일 때문에 많은 집이
떠내려갔습니다.

被害
大雪の被害がひどいです。

● 피해

폭설 피해가 심합니다.

安全だ
この建物の中は安全です。

● 안전하다

이 건물 안은 안전합니다.

危険だ

危険な運転をする人がたくさんいます。

● 위험하다

위험한 운전을 하는 사람이
많이 있습니다.

危ない

道を渡る時は、横断歩道を渡らないと危ないです。

● 위험하다

길을 건널 때는 횡단보도를
건너지 않으면 위험합니다.

大変だ

大雨で川の水が溢れて大変です。

● 큰일이다

큰비로 강물이 넘쳐
큰일입니다.

困る

飛行機が欠航になったら困ります。

● 곤란하다

비행기가 결항되면
곤란합니다.

心配する

地震の被害を心配しています。

● 걱정하다

지진 피해를 걱정하고
있습니다.

ほっとする

けがをした人はいなかったと聞いて、ほっとしました。

● 안심하다, 마음이
놓이다

다친 사람은 없다는 이야기를
듣고 마음이 놓였습니다.

だめだ

台風の日は川に近づいたらだめです。

● 안 된다

태풍이 부는 날은 강에
가까이 가면 안 됩니다.

なくなる

大切な財布が**なくなりました**。

● 없어지다

소중한 지갑이 없어졌습니다.

落とす

どこかで運転免許証を**落としました**。

● 떨어뜨리다,
잃어버리다

어디에선가 운전면허증을
잃어버렸습니다.

忘れ物

彼女は**忘れ物**を取りに寮に戻りました。

● 분실물, 잊은 물건

그녀는 잊은 물건을 가지러
기숙사에 돌아갔습니다.

忘れ物センター

地下鉄での忘れ物は、**忘れ物センター**で保管します。

● 분실물 센터

지하철에서의 분실물은
분실물 센터에서 보관합니다.

落ちる

強風で店の看板が**落ちました**。

● 떨어지다

강풍으로 가게의 간판이
떨어졌습니다.

落とし物センター 분실물 센터　　　　遺失物センター 분실물 센터

ㄱㄴㄷ 색인

예문이 있는 단어   예문이 없는 단어

ㅇ